PROFIL Collecti[on]
D'UNE ŒU[VRE] par Geo[rges]

LORENZACCIO

MUSSET

Analyse critique

par Robert HORVILLE,

docteur ès lettres

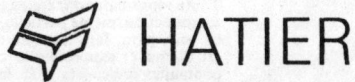

© HATIER-PARIS 1972

Toute représentation, traduction, adaptation ou reproduction, même partielle, par tous procédés, en tous pays, faite sans autorisation préalable est illicite et exposerait le contrevenant à des poursuites judiciaires. Réf. *loi du 11 mars 1957*.

ISSN 0750-2516   ISBN 2 - 218 - **01825**-X

Sommaire

1. Musset et le théâtre romantique 5
    Les antécédents 5
    Les principes 7
    Les résurgences classiques : Mérimée, Vigny 8
    Le drame romantique : Dumas, Hugo 9
    Le théâtre du mal de vivre : Musset 9

2. Histoire de l'œuvre 11
    1834 : *Lorenzaccio*; où en est Musset ? 11
    La genèse de l'œuvre 12
    Les faits historiques 13
    De la rédaction aux représentations 14

3. La structure de la pièce 15
    La distribution 15
    Le plan 17

4. La dramaturgie de « Lorenzaccio » 28
    La conduite de l'action 28
    L'éclatement spatial 32
    L'unité de temps ? 34
    Les ressorts dramatiques 36
    Tableau récapitulatif : lieu, temps, action 38

5. L'écriture théâtrale de « Lorenzaccio » 44

   Naturel et vie 44
   Le mélange des tons et des genres............ 45
   La peinture des personnages................. 47

6. « Lorenzaccio », témoignage d'une vision du monde 49

   La conception de l'histoire 49
   La position religieuse et morale 52
   Un monde d'apparences 54
   Le mal du siècle 59
   L'amour et la femme 63
   La pensée et l'art 66

ANNEXES 71

   Les lectures de *Lorenzaccio* 71
   Bibliographie.............................. 75
   Quelques directions d'étude 77
   Index des thèmes 79

Note : Les références concernant *Lorenzaccio* renvoient à l'édition du « Livre de Poche ».

Musset et le théâtre romantique | 1 |

Une date, 1830, avec le scandale d'*Hernani*, pendant de la querelle du *Cid*, quelques titres, *Ruy Blas* sûrement, *Il faut qu'une porte soit ouverte ou fermée* peut-être, *Chatterton* à la rigueur, un décor sang et or d'arènes espagnoles, voilà ce qui émerge tout d'abord de la conscience à l'évocation du théâtre romantique. Mais ce serait trop simple, cette génération spontanée, ce stéréotype littéraire ; si des principes identiques régissent les œuvres qui se réclament de cette école, la multiplicité des influences et la diversité des tempéraments aboutissent à une grande variété dans les modalités d'application, et débouchent sur des réalisations fort différentes entre elles.

LES ANTÉCÉDENTS

Dès le XVIIIe siècle, des écrivains de théâtre avaient recherché de nouvelles formules, en tentant d'assouplir la dramaturgie classique : le choix de sujets plus proches de la sensibilité contemporaine, parce que substituant à la sacro-sainte inspiration antique celle des pays lointains, comme dans *L'orphelin de la Chine* de Voltaire (1755), ou celle de l'histoire nationale, comme dans *Adélaïde Du Guesclin* (1765) du même auteur, l'introduction de nouveaux ressorts dramatiques reposant sur la terreur, comme dans *Atrée et Thyeste* de Crébillon (1707), et surtout le mélange des genres, avec l'apparition de la comédie larmoyante de La Chaussée et du drame bourgeois de Diderot et Sedaine, c'étaient là déjà des marques certaines d'un désir de renouvellement.

Mais il faut attendre le début du XIXe siècle pour voir s'affirmer ce nouveau courant de pensée grandement aidé par tout un faisceau d'influences. Le rôle joué par les théoriciens allemands fut considérable; et 1814, l'année de la publication en France du *Cours de littérature dramatique* de Schlegel, constitue une étape des plus importantes; opposant le romantisme chrétien et moderne au classicisme antique et païen, préconisant le mélange des genres, réclamant l'indépendance à l'égard des unités, prônant le rapprochement des contrastes, insistant sur la prépondérance du sentiment sur l'intelligence, cet auteur apparaît comme l'initiateur du théâtre romantique français. Les Italiens, forts d'une riche tradition, apporteront eux aussi leur pierre à l'édifice; Manzoni, dans *La lettre sur les unités* (1823) qui constitue un véritable réquisitoire contre la tragédie classique à laquelle il reproche d'appliquer de petits procédés, donnera aux tenants du changement des arguments précieux.

Si le rôle joué par les théoriciens fut essentiel, il ne doit pas pour autant faire négliger l'influence exercée par les œuvres elles-mêmes. Le mélodrame qui triomphe dès la fin du XVIIIe siècle, avec notamment Pixerécourt, n'est pas sans avoir légué au drame romantique un certain nombre de ses travers : importance de l'intrigue, artifice de l'action dénouée par des reconnaissances providentielles, schématisme des personnages ou tout anges ou tout démons, emphase du style, ce sont là des traits qui bien souvent entachent le théâtre de Dumas ou même de Hugo. Plus profond et plus convaincant apparaît l'attrait exercé par Shakespeare; dans son œuvre traduite par Letourneur de 1776 à 1792, ce qui retient alors surtout l'attention, c'est sa conception du drame historique, son goût pour les scènes pathétiques, son attirance pour le sombre et le terrifiant; 1827-1828 sera une véritable saison Shakespeare à Paris, avec la venue du célèbre acteur anglais Kean qui marquera de son empreinte auteurs, acteurs et spectateurs.

LES PRINCIPES

Toutes ces influences ont donné naissance à une doctrine cohérente qui refuse dans le classicisme ce qui est rétrécissement et contrainte, et dont le maître mot serait donc « ouverture ».

Il s'agit d'abord de sacrifier à la « modernité » et d'élaborer une œuvre qui ne soit pas intemporelle, mais qui convienne à une époque, qui réponde aux besoins et aux aspirations du public contemporain (« Le Romanticisme est l'art de présenter aux peuples les œuvres littéraires qui, dans l'état actuel de leurs habitudes et de leurs croyances, sont susceptibles de leur donner le plus de plaisir possible. Le Classicisme, au contraire, leur présente la littérature qui donnait le plus grand plaisir possible à leurs arrière-grands-pères », écrit Stendhal dans *Racine et Shakespeare*[1] en 1823). Pour parvenir à ce but, il convient de décrire la vie dans la complexité de la réalité quotidienne (le drame doit être « un tableau large de la vie, au lieu du tableau resserré de la catastrophe d'une intrigue », Vigny, *Lettre à Lord XXX*[2], 1829); la couleur locale, la vérité historique joueront donc un grand rôle et tendront à substituer le spectacle direct au récit (« ... le drame doit être radicalement imprégné de cette couleur du temps... Le poète doit feuilleter les siècles, interroger les chroniques », Hugo, préface de *Cromwell*[3], 1827). Le mélange des genres, en faisant se succéder le grotesque et le sublime, évitera de privilégier une vision unique du monde (« Le réel résulte de la combinaison toute naturelle de deux types, le sublime et le grotesque, qui se croisent dans le drame, comme ils se croisent dans la vie et dans la création », Hugo, préface de *Cromwell*[4]). De même, l'auteur doit toucher le spectateur dans sa totalité; il ne doit pas se contenter de faire appel à sa sensibilité, mais doit aussi susciter son intelligence, en faisant passer un « message » philosophique ou moral. (« C'est le temps du Drame de la Pensée », Vigny, préface de *Chatterton*[5], 1835.) Enfin, pour

---

1. In Stendhal, *Œuvre complète*, Paris, P. Larrive, 1954; tome XVI, début du chapitre 3, *Ce que c'est que le romantisme*, p. 27.
2. In Vigny, *Œuvre complète*, Paris, N.R.F., Collection de la Pléiade, 1948; tome II, p. 330.
3. In Hugo, *Œuvre complète*, Paris, Club français du livre, 1967; tome III, p. 72.
4. *Ibid.*, tome III, p. 60.
5. In Vigny, *Œuvre complète*, tome I, p. 820.

mener à bien cette tâche, la liberté de l'art est indispensable ; la refuser, c'est aliéner le créateur et trahir la vie (« Quoi de plus invraisemblable et de plus absurde en effet que ce vestibule... lieu banal où nos tragédies ont la complaisance de venir se dérouler, où arrivent, on ne sait comment, les conspirateurs pour déclamer contre le tyran, le tyran pour déclamer contre les conspirateurs... ? L'action, encadrée de force dans les vingt-quatre heures, est aussi ridicule qu'encadrée dans le vestibule... Verser la même dose de temps à tous les événements !... on rirait d'un cordonnier qui voudrait mettre le même soulier à tous les pieds », Hugo, préface de *Cromwell* [1]).

LES RÉSURGENCES CLASSIQUES : MÉRIMÉE, VIGNY

La conception romantique, malgré le bouleversement qu'elle apporte, n'a pas totalement annihilé la tradition classique qui demeure particulièrement vivace chez deux auteurs. *Le théâtre de Clara Gazul*, publié en mai 1825 par Mérimée, marque certes l'abandon des règles des unités, renonce à l'alexandrin, se déroule dans un cadre exotique, aborde des sujets romantiques, comme la réhabilitation de la courtisane par l'amour ou la prédestination fatale des héros ; mais le style est classique, et la conception dramaturgique est fort proche de celle de Racine. *Chatterton* de Vigny (1835) a certes pour but de dégager une idée philosophique, en mettant en scène « l'homme spiritualiste étouffé par une société matérialiste [2] » ; mais les personnages n'en restent pas moins humains, et surtout l'intrigue est aussi ramassée que celle d'une pièce classique (« C'est l'histoire d'un homme qui a écrit une lettre le matin, et qui attend la réponse jusqu'au soir ; elle arrive, et le tue [3] »).

---

1. In Hugo, *Œuvre complète*, tome III, p. 67-68.
2. Préface de *Chatterton*, in Vigny, *Œuvre complète*, tome I, p. 821.
3. *Ibid.*, tome I, p. 821.

LE DRAME ROMANTIQUE :
DUMAS, HUGO

Dumas et Hugo ont pour leur part adhéré plus fermement aux impératifs romantiques. Dumas a eu le mérite d'être l'initiateur du drame historique avec *Henri III et sa cour* (1829), tandis qu'*Antony*, en 1831, met en scène le type du « beau ténébreux », héros poursuivi par la fatalité, et que *La tour de Nesle* (1832) est un exemple caractéristique du théâtre de cape et d'épée. La conception hugolienne, trop dépendante d'une doctrine, aboutit trop souvent au procédé et au stéréotype que le génie d'un style complexe ne parvient souvent pas à vivifier : peinture simpliste des personnages subordonnée à l'idée qu'ils doivent symboliser (Ruy Blas représente le peuple; Don Salluste, la noblesse bassement ambitieuse; les Burgraves sont l'image de l'expiation...); vision schématique de l'univers où s'affrontent deux forces antagonistes, le bien et le mal, et dont la description est donc conduite en antithèse (les héros romantiques sont des parias désespérés, mais ils sont illuminés par leur générosité et leur courage; la réalité est souvent dissimulée par les apparences sociales : l'aventurier Ruy Blas a l'âme d'un grand seigneur, l'aristocrate Don Salluste est vil comme un criminel); description d'un contexte historique totalement transformé par l'interprétation de l'auteur (vision faussement réaliste dans *Marion Delorme;* transcription épique dans *Les Burgraves;* parti pris symbolique dans *Hernani*); tels sont les traits essentiels de ce théâtre rendu peu convaincant par ses excès et son didactisme.

LE THÉÂTRE DU MAL DE VIVRE :
MUSSET

Avec le recul, c'est certainement le théâtre de Musset qui apparaît comme le plus vivant, le plus jeune et le plus riche du XIXe siècle. C'est que l'auteur de *Lorenzaccio* a su d'abord éviter les erreurs commises par le drame romantique : chez lui, pas de préoccupations pseudo-historiques, mais un large appel à l'imagination qui le conduit à donner comme toile de fond à *Fantasio* une Allemagne du XVIIIe siècle inventée à plaisir, ou à faire se dérouler *Lorenzaccio* dans une Italie de la Renaissance peinte des couleurs du rêve ou parfois du cauchemar ; chez lui, pas de souci faussement philosophique, mais simplement une vision du monde faite d'amertume et de nonchalance ; chez lui, pas d'exagération mélodramatique, mais une discrétion toute classique, une résignation tout humaine. Il a réussi par ailleurs à marquer profondément de sa personnalité son œuvre théâtrale. Ses personnages ne sont pas des entités, mais des reflets de lui-même, des doubles qui lui ressemblent comme des frères, et qui sont frémissants de sa sensibilité : Fortunio, c'est le Musset enfant terrible, badin, sentimental, puéril ; Fantasio, c'est le Musset blessé, dissimulant sous l'excentricité sa tendresse humaine ; Lorenzaccio, c'est le Musset réprouvé, regrettant sa pureté évanouie... Enfin il a su, de par sa science du dialogue, donner à ses pièces une vie intense : connaissant à merveille la complexité des caractères humains, disposant avec habileté les plans, entourant les personnages principaux de figures stylisées (comme Dame Pluche, Blazius ou Bridaine de *On ne badine pas avec l'amour*), il aboutit à une grande concentration de l'action et à une description vraie des êtres, saisis dans l'intimité de leur âme.

Théâtre éminemment humain que celui de Musset qui mérite bien sa place dans cet édifice du drame romantique tel que le rêvait Thibaudet, lorsqu'il écrivait : « Il en va donc du drame romantique, comme de la cathédrale idéale qui devait avoir, dit-on, les clochers de Chartres, la façade de Reims, la nef d'Amiens, et le chœur de Beauvais. Ici, le vers de Hugo, la facture de Dumas, l'humanité de Musset, et la philosophie de Vigny [1]. »

---

1. In Thibaudet, *Histoire de la littérature française de 1789 à nos jours*, Paris, Stock, 1946, p. 197-198.

Histoire de l'œuvre | 2

1834 » « LORENZACCIO »
OU EN EST MUSSET ?

L'année de la rédaction de *Lorenzaccio*, qui passe à juste titre pour être son chef-d'œuvre théâtral, Musset a vingt-quatre ans. Il est donc en pleine jeunesse, mais déjà à la moitié de sa brève existence qui s'achèvera vingt-trois ans plus tard. Une époque de sa vie vient de se terminer, celle de l'enfance studieuse et de l'adolescence agitée et insouciante : la période de formation et de dandysme marquée, sur le plan littéraire, par une production certes brillante, mais factice, tout imprégnée d'excès volontaires, à la limite du pastiche, qui le fait considérer comme l'enfant terrible du romantisme.

Depuis 1832, les couleurs pastel commencent à faire place à des tonalités plus sombres. C'est le début du temps des épreuves, c'est l'apprentissage de la douleur : la mort de son père, le 8 avril, en sera comme le signal, et aboutira à une modification déjà profonde de l'esprit de ses œuvres : *La coupe et les lèvres, A quoi rêvent les jeunes filles, Namouna* sont certes encore marqués du sceau de la pureté et de la légèreté, mais une amertume certaine, un désespoir latent commencent à transparaître. 1833 verra se préciser cette évolution : *André del Sarto, Les caprices de Marianne, Rolla,* ce sont déjà des cris de protestation contre la fragilité de l'amour, contre la souffrance qui est tapie au fond de tous les cœurs, et qui n'attend qu'une occasion pour déchaîner ses assauts.

George Sand va se charger de lui faire connaître à satiété l'agitation, les désillusions, les retournements de la passion; c'est vers la fin de l'été 1833 qu'il fera sa connaissance; c'est en décembre qu'ils partent tous deux en Italie où se nouera le drame; jusqu'en mars 1834, ils parcourent le pays, s'arrêtant notamment à Florence où Musset dut certainement puiser des détails précieux pour la rédaction de *Lorenzaccio;* ils arrivent à Venise où le poète tombe gravement malade, et voit s'ajouter à la souffrance physique la torture morale d'assister à la liaison de George Sand avec son propre médecin, le docteur Pagello; ce sont des scènes interminables et sans cesse renouvelées; et finalement, le 29 mars, Musset vaincu quitte Venise et rentre à Paris. C'est dans ce contexte tour à tour passionné et douloureux que seront écrites trois de ses œuvres majeures : *Fantasio, On ne badine pas avec l'amour* et *Lorenzaccio*, à l'atmosphère sombre entrecoupée de quelques rayons fulgurants de soleil...

LA GENÈSE DE L'ŒUVRE

Lorenzaccio apparaît comme une œuvre composite, sorte de convergence d'inspirations multiples, comme en témoigne d'ailleurs la rédaction de trois plans différents. Certainement en grande partie terminée avant le départ pour l'Italie et la rupture avec George Sand, la pièce présente par endroits une vision du monde qui n'est pas encore totalement obscurcie par le désespoir. Remaniée et achevée par Musset à son retour à Paris, elle s'est vraisemblablement enrichie de détails recueillis sur place à Florence, tandis que le personnage de Lorenzaccio, s'appuyant maintenant sur une expérience personnelle, gagnait en sincérité et en profondeur. Inspirée directement par l'histoire florentine, elle n'en a pas moins pour but de décrire une situation sociale et un état d'esprit contemporains, tels que Musset pouvait les observer sous le règne du roi bourgeois Louis-Philippe.

Les sources littéraires sont, elles aussi, nombreuses : au rôle prépondérant joué par *La storia fiorentina*, chronique de Varchi du XVIe siècle qui ne fut publiée qu'au XVIIIe siècle, s'ajoute l'influence difficilement appréciable exercée par *Une conjuration en 1537*, sorte de canevas écrit par George

Sand sur le même sujet que *Lorenzaccio*. Sous ces deux sources principales court tout un réseau souterrain constitué par les apports de Shakespeare et du théâtre romantique allemand, qui viennent fournir notamment à l'œuvre son atmosphère sombre et son sens des grands mouvements de foule.

LES FAITS HISTORIQUES

Musset s'appuie donc sur des faits historiques précis, même si, comme nous aurons l'occasion de le voir, il les dénature quelque peu. Quelle est la situation politique à Florence vers 1536, année où se situe la pièce ? Dans cette Italie éclatée en une multiplicité d'États, dominée par deux puissances, celle du pape que soutient Charles Quint, l'empereur germanique, et celle de François Ier, Florence occupe une place un peu particulière ; la famille régnante des Médicis a en effet réussi en 1523 à faire élire un de ses membres à la papauté, sous le nom de Clément VII [1] ; désormais assurée de l'appui direct de cette force redoutable, elle peut exercer sans frein son autorité sur la ville ; François Ier, tout naturellement, soutient l'opposition républicaine qui, en 1527, parvient à prendre le contrôle de la cité ; victoire bien provisoire, puisque, dès 1531, son armée est écrasée par celle de Charles Quint, ce qui a pour conséquence l'avènement d'Alexandre de Médicis, fils naturel de Laurent II de Médicis, et l'installation d'une garnison allemande. Et Lorenzaccio ? Fils de Pierre-François de Médicis, il pouvait prétendre au titre de duc, et apparaît donc comme une des victimes de l'opération. Cette situation permet de comprendre le rapport des forces : d'un côté, Alexandre soutenu par le pape et Charles Quint ; de l'autre, les républicains appuyés par François Ier et misant sur la rancœur de Lorenzaccio écarté du pouvoir ; tel est l'état des faits qui explique les événements : Lorenzaccio va s'efforcer de devenir le favori d'Alexandre, pour l'attirer dans un guet-apens et le tuer le 6 janvier 1537 ; les républicains ne vont pas parvenir à profiter des circonstances ; Côme de Médicis, cousin d'Alexandre, va perpétuer le régime un instant ébranlé ; Lorenzaccio, contraint à l'exil, va être assassiné le 26 février 1548.

---

1. Paul III lui succédera en 1534.

DE LA RÉDACTION AUX REPRÉSENTATIONS

Le manuscrit de *Lorenzaccio* est remis au directeur de *La revue des deux mondes*, Buloz, vers juin 1834. Étant donné l'ampleur de l'œuvre, elle n'a pu être écrite, tout au plus a-t-elle pu être achevée et remaniée, entre le retour de Musset d'Italie fin mars 1834, et cette date; la période du voyage ne se prêtant guère, surtout dans les circonstances où il s'est déroulé, à un travail suivi, il faut admettre que l'essentiel de la rédaction se situe avant le départ pour l'Italie, c'est-à-dire avant décembre 1833. On peut donc conclure, sans résoudre cette question fort controversée, que *Lorenzaccio* a été écrit, pour l'essentiel, durant le dernier trimestre 1833, peut-être continué en Italie de décembre 1833 à mars 1834 et terminé, avec des remaniements inspirés par les renseignements recueillis à Florence et par l'expérience de la passion malheureuse, d'avril à juin 1834 [1]. Le manuscrit sera finalement publié en août dans la nouvelle édition en deux volumes d'*Un spectacle dans un fauteuil*.

Faite pour être lue et non pour être jouée, et donc mal adaptée à la scène, la pièce connut une destinée théâtrale agitée. Aucune représentation n'eut lieu du vivant de Musset, pour des raisons à la fois techniques et politiques; la première fut donnée en 1896, avec Sarah Bernhardt dans le rôle de Lorenzaccio; mais il s'agissait d'une adaptation en six tableaux due à Armand d'Artois. La tradition de faire jouer le personnage principal par une femme et de procéder à des remaniements devait s'imposer pour longtemps, puisque, encore respectée lors de la reprise de la pièce en 1926 à Monte-Carlo, puis à Paris, par Mme Falconetti, elle marque l'entrée de l'œuvre à la Comédie-Française en 1927, avec Mme Pierrat, ainsi que la mise en scène de Gaston Baty en 1945, avec Marguerite Jamois. Il fallut attendre 1952 et le spectacle monté par Jean Vilar à Avignon, pour voir le texte original enfin respecté, malgré quelques coupures inévitables, et le rôle de Lorenzaccio enfin confié à un acteur, Gérard Philipe.

---

[1]. La lettre de Musset, envoyée de Venise à Buloz le 27 janvier 1834, découverte par Jean Pommier, ne semble pas résoudre définitivement le problème. Certes, elle établit que l'auteur a terminé son manuscrit et l'a confié à son éditeur avant son départ pour l'Italie; mais elle n'exclut pas les remaniements ultérieurs, que l'étude interne de la pièce, dans laquelle l'influence du voyage de l'hiver 1833 se fait nettement sentir, rend probables, sinon certains.

La structure de la pièce 3

Cinq actes, trente-huit scènes, quarante-quatre personnages (sans compter la figuration), seize décors différents au moins, en supposant qu'« une rue » soit toujours la même rue ou qu'« une place » désigne à chaque fois une place identique; oui, vraiment, *Lorenzaccio* est une lourde machine dont il est bien difficile de démonter les rouages, tant ils sont nombreux, tant leur agencement est complexe. Enlèvements, duels, empoisonnements et complots, fausse vertu et débauche feinte, désœuvrement efficace et vaine agitation, tourments intérieurs et mouvements de foule, complexité individuelle et schématisme collectif; assurément *Lorenzaccio* se présente comme un édifice surchargé, et la décoration extérieure ne laisse saisir qu'avec peine les choix architecturaux et l'arrangement des pièces. Une analyse minutieuse de la structure est donc indispensable, si l'on veut appréhender la pente générale de l'œuvre et comprendre les intentions profondes de son auteur.

LA DISTRIBUTION

Les liens entre les personnages étant souvent difficiles à saisir, une rapide étude de la distribution permettra tout d'abord de mieux se rendre compte d'une situation à première vue confuse.

• *La famille Médicis*

Alexandre de Médicis, duc de Florence, fils de Laurent II de Médicis.
Côme de Médicis, son cousin, qui sera proclamé duc à sa mort.
} créatures de l'empereur d'Allemagne et du pape.

Lorenzo de Médicis, cousin d'Alexandre.
Marie Soderini, sa mère.
Catherine Ginori, sa tante.
} partisans des républicains.

• *Les courtisans et envoyés*

Sire Maurice, chancelier de l'assemblée judiciaire, le conseil des Huit.
Le cardinal Baccio Valori, commissaire apostolique, envoyé du pape.
Julien Salviati, un des favoris du duc.
Guicciardini, historien.

• *La famille Cibo*

La marquise Cibo, républicaine de cœur, maîtresse du duc.
Le marquis Cibo, son mari.
Le cardinal Cibo, son beau-frère, à la puissance occulte redoutable.

• *Les républicains*

Philippe Strozzi, maître à penser.
Pierre Strozzi.
Léon Strozzi, prieur de Capoue.
Thomas Strozzi.
} ses fils.
Louise Strozzi. } sa fille.
Le provéditeur Roberto Corsini, gouverneur de la citadelle.
Palla Ruccellai.
Alamanno Salviati.
François Pazzi.
} seigneurs républicains.
Bindo Altoviti, oncle de Lorenzo.
Venturi, bourgeois.

- *Personnages divers*

Giomo, âme damnée du duc.
Scoronconcolo, homme de confiance de Lorenzaccio.
Maffio, un bourgeois.
Tebaldeo, peintre.
Deux dames de la cour et un officier allemand.
Un orfèvre, un marchand, deux précepteurs et deux enfants, pages, soldats, moines, courtisans, bannis, écoliers, domestiques, bourgeois, etc.

LE PLAN

Acte I

« *Florence... une bonne maison bien bâtie... gâté(e) (par) deux architectes malavisés...* » (le pape et l'empereur Charles Quint) (acte I, scène 2).

Le dessein de cet acte est double : procéder à un vaste panoramique historique sur les mœurs florentines ; situer les personnages sur l'échiquier politique, tout en laissant planer l'ambiguïté sur Lorenzaccio.

SCÈNE 1 : *un exemple des mœurs corrompues de la cour ducale, l'enlèvement de Gabrielle.*

Après une longue attente par un clair de lune romantique, le duc, son écuyer et Lorenzaccio enlèvent une jeune fille qu'ils ont débauchée à prix d'or ; son frère, Maffio, qui essayait de s'opposer au rapt par la force, est désarmé.

SCÈNE 2 : *le faste de quelques-uns est-il le symbole de la grandeur et du bonheur de Florence ?*

Scène de foule et conversations séparées : les écoliers ne voient que le côté pittoresque et amusant de cette richesse étalée ; le marchand se réjouit, car les fêtes font marcher le commerce ; l'orfèvre plus perspicace s'élève contre l'oisiveté des grands qui ne paient pas toujours leurs dettes, et contre l'occupation étrangère qui pèse sur la cité économiquement et physiquement ; enfin, élément important pour le déroulement de l'action, Julien Salviati poursuit de ses grossières assiduités Louise, de la famille républicaine des Strozzi.

scène 3 : *les dangers de la sensibilité*.

Ici se situe le début de l'intrigue qui va lier un moment la marquise Cibo et le duc; mise en évidence par le cardinal qui intercepte la correspondance de sa belle-sœur, elle souligne ces contradictions de la femme dont Musset venait de faire la cruelle expérience, et insiste sur les dangers de la sensibilité; la construction, tout en antithèse, oppose aux couleurs pastel de la scène d'intérieur baignée de larmes et de tendres réminiscences entre le marquis, sa femme et leur fils, le machiavélisme du cardinal et ses propos cyniques sur la réalité qu'il vient de découvrir.

scène 4 : *Lorenzetta ou Lorenzo de Médicis ?*

De la maison des Cibo, nous voici transportés dans le palais du duc qui défend Lorenzo attaqué par Sire Maurice et par le cardinal. Le pape reproche à son cousin d'être un débauché ? qu'il pense à son propre fils, Pierre Farnèse. Il n'est pas politiquement sûr ? que chacun sache qu'il sert d'indicateur et qu'il fournit de nombreux renseignements sur les républicains. Lorenzaccio, survenu sur ces entrefaites et provoqué en duel par Sire Maurice qu'il a outragé, confirme le duc dans son opinion; il s'évanouit à la vue de l'épée, ce qui lui vaut ces railleries : « Allons ! chère Lorenzetta, fais-toi emporter chez ta mère » (p. 367).

scène 5 : *la provocation*.

Cette scène est le pendant de la scène 2 ; la première partie, consacrée à ces grands mouvements de foule qu'affectionne Musset, brosse le tableau de Florence divisée, comme le montrent les conversations des pèlerins devant l'église de Saint-Miniato, entre les soutiens du pouvoir et les républicains (du début à la fin de la réplique du prieur, p. 372); la seconde partie concerne directement l'action; il s'agit d'une véritable provocation : Salviati, un des favoris du duc, affirme au prieur, un des fils du républicain Strozzi, que sa sœur Louise lui a promis de lui accorder ses faveurs.

scène 6 : *Lorenzo et les républicains*.

Encore deux éléments distincts, mais étroitement liés : une conversation entre la mère de Lorenzo, Marie Soderini, et sa tante Catherine qui déplorent sa lâcheté et sa conduite

— 18 —

ambiguë envers les républicains (du début à la fin de la réplique de Catherine, p. 377); de nouveau une description d'ensemble, présentant ceux qui ont peut-être été bannis sur dénonciation de Lorenzo en train de quitter Florence.

Acte II

La confusion des opinions et des sentiments, tel est le thème général de cet acte où éclate toute l'ambiguïté des rapports entre les républicains et le pouvoir en place.

SCÈNE 1 : *indignation ou action?*

Dans cette scène, pour la première fois dans *Lorenzaccio*, Musset se penche sur les contradictions qui divisent pensée et action; nous sommes chez les républicains Strozzi; le père, Philippe, dans un monologue, exprime son désarroi : les penseurs appréhendent difficilement le concret qui les obsède cependant au point de faire obstacle à leur recherche (p. 379); deux de ses fils, le prieur et Pierre, faisant leur entrée, une conversation s'engage sur la provocation dont a été victime Louise, ce qui permet de dégager trois attitudes différentes devant l'action : le prieur, c'est l'oubli raisonnable (« Allons ! voilà qui est fait, je n'y penserai pas davantage », p. 381); Philippe, c'est la prudence réfléchie (« Allons! », dit-il à Pierre, « es-tu fait de salpêtre ? Qu'as-tu à faire de cette épée ? », p. 381); Pierre, c'est l'activisme irresponsable (« c'est-à-dire que cela me démange de lui couper les oreilles », p. 381).

SCÈNE 2 : *l'art est un engagement total.*

Voilà un thème qui peut paraître extérieur à l'action; mais si en effet Musset ouvre une parenthèse pour exprimer sa conception de l'art, il n'en oublie pas pour autant les nécessités de l'intrigue, et se sert de cet exposé pour mieux dégager la personnalité de Lorenzaccio. Le décor représente le portail d'une église; une conversation s'engage entre Lorenzaccio, Valori (commissaire apostolique), et le peintre Tebaldeo Freccia; Valori insiste sur la signification esthétique de la religion (« L'artiste ne trouverait-il pas là le paradis de son cœur ? », p. 382); Tebaldeo considère l'art comme une activité complète qui fait appel à la fois à la piété, à l'imagination, au patriotisme, à la souffrance et à la liberté; Lorenzaccio, après avoir exprimé son nihilisme (« ce que vous dites là est parfaitement vrai, et parfaitement faux, comme tout au monde », p. 382), invite le peintre à venir le lendemain « faire un tableau d'importance pour le jour de (ses) noces » (p. 387).

SCÈNE 3 : *religion et ambition; conceptions politiques et sentiments.*

L'action se déroule à nouveau chez la marquise Cibo; le cardinal est bien décidé à profiter de sa charge de confesseur pour connaître l'évolution de l'intrigue qui lie sa belle-sœur au duc, et l'exploiter dans des buts politiques (monologue, p. 388); la marquise, après avoir reconnu en confession qu'elle a donné un rendez-vous au duc (p. 389 à 393), se demande si l'action qu'elle mène est inspirée par l'amour ou par son attachement à Florence (monologue, p. 393 : « Et pourquoi est-ce que tu te mêles à tout cela, toi, Florence? Qui est-ce donc que j'aime? Est-ce toi, ou est-ce lui? »).

SCÈNE 4 : *Lorenzaccio est-il réellement un traître ?*

La scène 4, qui a pour cadre le palais des Soderini, porte à son comble l'ambiguïté de l'attitude du héros; elle se déroule en trois temps; elle débute par une conversation avec Catherine et Marie (p. 394 à 396) que Lorenzaccio termine sur l'annonce d'un événement « qui étonnera » (p. 396); elle se poursuit par une discussion avec deux républicains, Bindo et Venturi, qui lui demandent de préciser ses positions (p. 396 à 398), et par l'arrivée inopinée du duc qui accorde aux deux hommes les faveurs sollicitées malicieusement par son favori (p. 398 et 399); l'expérience est concluante; ils acceptent avec joie, malgré des protestations de principe prononcées par précaution à voix basse (Bindo : « C'est un tour infâme »; Venturi : « Cela est terrible », p. 399); la scène s'achève avec la demande du duc à Lorenzaccio de lui présenter sa tante dont il a admiré la beauté (p. 399 à 401), et sur le départ pour la maison des Strozzi du héros de la pièce qui apporte ces précisions pleines de sous-entendus : « Si vous saviez comme cela est aisé de mentir impudemment au nez d'un butor ! » (p. 401).

SCÈNE 5 : *l'attente et la vengeance.*

L'atmosphère est dramatique chez les Strozzi; Philippe, le prieur et Louise attendent dans l'angoisse, en compagnie de Lorenzaccio, le retour de Pierre, qu'ils savent décidé à venger l'affront de Julien Salviati (p. 402 à 405); l'arrivée de Pierre justifie ces appréhensions : il vient, dit-il, de tuer Julien (p. 405 et 406).

SCÈNE 6 : *le peintre et la cotte de mailles.*

Au palais ducal; un mélange bien dosé de raffinement et de sauvagerie, de luxe et de cruauté : Giomo chante une chanson tendre, et vient de tuer un jeune garçon du voisinage (p. 406 et 407); le duc se fait faire son portrait par Tebaldeo, et parle de sa cotte de mailles; un pas important pour la progression de l'action : Lorenzo subtilise la cotte de mailles du duc, et lui annonce que sa tante accepte le rendez-vous demandé.

SCÈNE 7 : *Salviati rescapé.*

Salviati gravement blessé vient demander justice au duc qui termine l'acte par ces paroles pleines de menaces : « Par Hercule ! les meurtriers passeront la nuit en prison, et on les pendra demain matin » (p. 411).

Acte III

Répression générale des menées républicaines.

Cet acte constitue un véritable tournant dans l'action; alors que les différentes tentatives des républicains sont brisées, Lorenzaccio révèle enfin sa véritable personnalité, et met au point son plan.

SCÈNE I : *un drôle de jeu.*

Dans sa chambre à coucher, Lorenzo se livre avec le spadassin Scoronconcolo à un jeu étrange; cris, appels au secours, le vacarme est épouvantable; le but? Lorenzo le laisse facilement deviner : habituer les voisins à ces scènes de meurtre : « ... mais maintenant, ils se contentent d'enrager, et ne s'en mettent pas en peine jusqu'au point de quitter leurs fauteuils ou d'ouvrir leurs fenêtres » (p. 413); la raison? il l'indique clairement à Scoronconcolo : « Tu as deviné mon mal, j'ai un ennemi. Mais pour lui je ne me servirai pas d'une épée qui ait servi pour d'autres. Celle qui le tuera n'aura ici-bas qu'un baptême; elle gardera son nom » (p. 413); c'est un assassinat qui se prépare.

SCÈNE 2 : *quand il n'est plus temps pour la pensée...*

Le père, Philippe, et le fils, Pierre, s'affrontent au palais Strozzi ; Pierre estime qu' « un bon coup de lancette guérit tous les maux » (p. 416) ; Philippe pense « qu'il faut une expérience longue comme la vie, et une science grande comme le monde, pour tirer du bras d'un malade une goutte de sang » (p. 416) ; le père se laisse finalement convaincre : « Depuis quand le vieil aigle reste-t-il dans le nid, quand ses aiglons vont à la curée ? » (p. 417), et accompagne son fils chez les Pazzi où a lieu une réunion des républicains.

SCÈNE 3 : *après l'arrestation de Pierre et Thomas Strozzi ; danger et inanité des rêves ; le vrai Lorenzo.*

C'est la scène centrale de la pièce, par la position qu'elle occupe au début de l'acte III, par sa longueur qui en fait un véritable morceau de bravoure, et surtout par les réflexions sur l'action et la pureté qu'elle développe. La scène se déroule dans la rue, et débute par l'arrestation de Pierre et Thomas Strozzi, malgré les protestations de Philippe et des passants (p. 418 à 420, jusqu'à : « ... et le bâtard en sera pour ses frais de justice »). Après un monologue du vieil homme dans lequel il désespère de son bon droit (p. 420), intervient le long dialogue entre Philippe et Lorenzaccio ; ce dernier y explique le danger de l'idéal et l'inanité d'une action, dont les résultats seront de toute manière trahis par ceux à qui elle devrait profiter ; il se montre alors sous son véritable visage : celui d'un jeune homme qui a tout sacrifié à ses aspirations, et surtout sa pureté, salie irrémédiablement, et qui « glisse depuis deux ans sur un rocher taillé à pic », si bien « que ce meurtre (du duc) est le seul brin d'herbe » où il puisse « cramponner (ses) ongles » (p. 432 et 433).

SCÈNE 4 : *une lettre pour Catherine.*

Au palais Soderini, Catherine lit à Marie une lettre du duc demandant un rendez-vous ; il apparaît que Lorenzaccio a joué le rôle d'entremetteur, ce qui plonge sa mère dans le désespoir.

SCÈNE 5 : *les préparatifs de la marquise.*

La marquise, un instant interrompue par le cardinal, qui rôde comme « un vautour à tête chauve » (p. 436), se prépare à recevoir le duc, partagée entre la curiosité (« Je veux essayer mon pouvoir », p. 435), et l'angoisse (« Ah ! ce métier de servante, tu n'y es pas fait, pauvre cœur orgueilleux », p. 436).

SCÈNE 6 : *un sacrifice agréable, mais inutile.*

Dans son boudoir, la marquise essaye de persuader le duc de changer ses principes de gouvernement, en faisant triompher la liberté, et en travaillant au bonheur du peuple; mais Alexandre ne se laisse pas convaincre; ce qui le préoccupe, c'est de tirer le plus d'argent possible de ses sujets (« Je me soucie de l'impôt; pourvu qu'on le paye, que m'importe ? », p. 437); ce qu'il demande à la marquise, c'est de jouer son « petit rôle de femme, et de vraie femme » (p. 440); c'est donc l'échec politique sanctionné par le départ du duc dont le cardinal est témoin (p. 440); c'est aussi la tragédie personnelle de la marquise qui, un peu tard, exprime son désespoir, à la pensée d'avoir « voué au ridicule » son mari Laurent (p. 440).

SCÈNE 7 : *l'empoisonnement de Louise.*

Chez les Strozzi, c'est un véritable conseil de guerre; Philippe, mis hors de lui par l'arrestation de ses fils, est enfin décidé à passer à l'action (« Notre vengeance est une hostie que nous pouvons briser sans crainte et nous partager devant Dieu », p. 442); les convives boivent « A la mort des Médicis » (p. 442), lorsque c'est le drame : Louise tombe morte, empoisonnée (p. 443 et 444, jusqu'à « quand on devrait nous tuer jusqu'au dernier »); le coup est trop rude pour le vieil homme qui, à demi fou, abandonne toutes ses résolutions, ne trouvant qu'à répéter : « Dieu de justice ! Dieu de justice ! que t'ai-je fait ? » (p. 446).

Acte IV

Face à l'impuissance générale, Lorenzaccio passe enfin à l'action.

Cet acte est construit tout en contraste : d'un côté, l'échec définitif des républicains; de l'autre, la logique des menées de Lorenzaccio.

SCÈNE 1 : *le piège se referme.*

Le fauve : le duc; le chasseur : Lorenzaccio; l'aide : Scoronconcolo; l'appât : Catherine; les précautions : le vol de la cotte de mailles; le lieu : la chambre de Lorenzaccio;

tout est prêt; il n'est plus que la nuit à attendre : « Dépêche-toi, soleil, si tu es curieux des nouvelles que cette nuit te dira demain » (p. 448).

SCÈNE 2 : *la fureur de Pierre.*

Les deux frères de Louise, libérés, apprennent la mort de leur sœur; Pierre clame sa fureur et ses désirs de vengeance : « Venez, venez, avant que je perde la force. Ne me dites pas un mot; il s'agit là d'une vengeance, voyez-vous, telle que la colère céleste n'en a pas rêvé » (p. 450).

SCÈNE 3 : *Lorenzaccio*, « *le bras de Dieu* ».

Après avoir donné rendez-vous à Scoronconcolo pour minuit, Lorenzaccio s'interroge sur son rôle : « Suis-je le bras de Dieu? Y a-t-il une nuée au-dessus de ma tête? Quand j'entrerai dans cette chambre, et que je voudrai tirer mon épée du fourreau, j'ai peur de tirer l'épée flamboyante de l'archange, et de tomber en cendres sur ma proie » (p. 451).

SCÈNE 4 : *les excès de l'ambition et les limites de la compromission.*

Chez le marquis Cibo; le cardinal révèle tout son machiavélisme; après avoir averti la marquise qu'il est au courant de ses relations avec Alexandre, il lui met le marché en mains : ou bien elle fait tous ses efforts pour demeurer la maîtresse en titre du duc (« Êtes-vous vierge? n'y a-t-il plus de vin de Chypre? n'avez-vous pas au fond de la mémoire quelque joyeuse chanson? n'avez-vous pas lu l'Arétin? », p. 452), et il se sert d'elle pour réaliser ses desseins; ou bien elle refuse, et il la dénonce à son mari (p. 451 à 455, jusqu'à « Entre le marquis »); mais c'est la marquise repoussant enfin la compromission qui avouera tout : « Laurent, pendant que vous étiez à Massa, je me suis livrée à Alexandre,... sachant qui il était et quel rôle misérable j'allais jouer » (p. 455).

SCÈNE 5 : *la souillure est indélébile.*

Lorenzo, dans sa chambre, met la dernière main aux préparatifs pour la « nuit de (ses) noces » (c'est-à-dire pour l'assassinat d'Alexandre), lorsqu'arrive Catherine qui lui fait part de la lettre du duc; exprimant, presque malgré lui, ses doutes sur la pureté de sa tante, il constate, après son départ, que la débauche est installée en lui, et que la souillure est indélébile : « Le vice, comme la robe de Déjanire, s'est-il si profondément incorporé à mes fibres, que je ne puisse plus répondre de ma langue, et que l'air qui sort de mes lèvres se fasse ruffian malgré moi ? » (p. 457).

SCÈNE 6 : *la fin justifie-t-elle les moyens ?*

C'est à nouveau le problème de l'action qui est posé dans cette scène; après l'enterrement de Louise, Pierre apporte à Philippe une lettre de François Ier qui lui propose son secours; tandis que le père refuse ce qu'il considère comme une trahison (« Le jour où Philippe portera les armes contre son pays, il sera devenu fou », p. 459), le fils ne craint pas de se salir les mains; c'est la rupture : « Je ne puis dire ce qui se passe en moi. Allez où il vous plaira, nous agirons sans vous cette fois. Eh ! mort de Dieu ! il ne sera pas dit que tout soit perdu faute d'un traducteur de latin ! » (p. 460).

SCÈNE 7 : *des avertissements inutiles.*

Lorenzaccio frappe aux portes des palais du bord de l'Arno, pour annoncer l'assassinat prochain du duc et amener ainsi les républicains à agir; il n'est pas pris au sérieux et ne peut que se lamenter : « Pauvre Florence ! pauvre Florence ! » (p. 462).

SCÈNE 8 : *Pierre ne recule devant rien.*

Pierre Strozzi, n'arrivant pas à convaincre les bannis de marcher sans Philippe, s'en va sur ces menaces adressées à leur envoyé : « Va au diable, canaille ! et dis à tes confédérés que, s'ils ne veulent pas de moi, le roi de France en veut, lui ! et qu'ils prennent garde qu'on ne me donne la main haute sur vous tous ! » (p. 464).

SCÈNE 9 : *réminiscences et répétition.*

C'est la nuit; sur une place, Lorenzaccio attend, avec impatience et angoisse, le moment du meurtre; dans un long monologue, passant sans cesse d'un sujet à l'autre, à la recherche de son équilibre, il procède à une véritable répétition de la scène tragique qui va se dérouler, tout en se remémorant les souvenirs de sa jeunesse paisible : « Ah! quelle tranquillité ! quel horizon à Caffagiuolo ! Jeannette était jolie, la petite fille du concierge, en faisant sécher sa lessive » (p. 465).

SCÈNE 10 : « *La volonté de Dieu se fait malgré les hommes* » (p. 468).

Au palais ducal, le bruit des démarches faites par Lorenzaccio se répand ; le duc attribue l'attitude du jeune homme à l'ivresse, et n'hésite pas à partir avec lui, lorsqu'il vient le chercher à minuit, pour le rendez-vous.

SCÈNE 11 : *l'assassinat libérateur*.

Le duc arrivé chez Lorenzo se couche ; et c'est l'assassinat, qui inquiète Scoronconcolo, lorsqu'il s'aperçoit de l'identité du mort, mais qui libère l'assassin en lui faisant retrouver une certaine pureté : « Que le vent du soir est doux et embaumé ! Comme les fleurs des prairies s'entrouvrent ! O nature magnifique, ô éternel repos ! » (p. 470).

Acte V

Le duc est mort ! Vive le duc !

Les républicains sont impuissants à exploiter l'assassinat du duc ; la tyrannie se maintient à Florence ; c'est l'échec de l'action de Lorenzaccio qui cherche la mort et la trouve.

SCÈNE 1 : *le problème de la succession*.

Grand remue-ménage au palais ducal le lendemain matin ; le duc a disparu : le bruit de sa mort se répand et est confirmé par Giomo ; on décide de taire la nouvelle, afin de prendre toutes dispositions utiles ; les visiteurs sont renvoyés ; le peuple est apaisé par des distributions de vivres ; les discussions sur la succession vont leur train ; les propositions les plus saugrenues sont avancées ; le cardinal qui a visiblement la situation en main fait finalement élire Côme de Médicis ; Vettori tire la leçon des événements et de l'apparente improvisation si bien orchestrée par le cardinal : « Que voulez-vous ? notre vote est fait, et il est probable qu'il acceptera. Tout cela est étourdissant » (p. 476).

SCÈNE 2 : *la tête de Lorenzaccio est mise à prix*.

A Venise, Philippe déplore que Pierre ait accepté l'offre de François Ier. Entre Lorenzo, qui lui apprend la mort du duc, mais lui prédit l'inaction des républicains (de la première réplique de Lorenzo, p. 476, à « Je la sens, je la respire »,

p. 479); la proclamation signée de la main des Huit et mettant sa tête à prix confirme ses craintes (p. 479 et 480).

SCÈNE 3 : *le marquis a pardonné.*

Il se promène dans une rue de Florence avec sa femme, ce qui provoque les commentaires de deux gentilshommes.

SCÈNE 4 : *l'ambition de Pierre.*

Il est bien décidé à profiter des circonstances : « Quoi qu'il en soit, une route s'ouvre devant moi, sur laquelle il y a plus de bons grains que de poussière » (p. 481).

SCÈNE 5 : *le résultat de l'action de Lorenzaccio : des mots, des mots, des mots.*

Dans les rues de Florence, l'effervescence s'apaise; tout n'est plus que mots : le marchand fait remarquer à l'orfèvre que la mort du duc est placée sous le signe du chiffre six (du début à la fin de sa première réplique, p. 483); l'orfèvre déplore que l'occasion n'ait pas été saisie par les républicains (de la p. 483 à la fin de la dernière réplique du marchand, p. 484); le petit Strozzi et le petit Salviati se disputent, continuant la querelle qui oppose leurs deux familles, tandis que leurs précepteurs dissertent (p. 484 à 486).

SCÈNE 6 : *une seule issue pour Lorenzaccio : la mort.*

La scène est à nouveau chez Philippe, à Venise; Lorenzo vient d'apprendre la mort de sa mère; après des paroles désabusées sur lui-même et sur ses semblables, malgré les conseils de prudence de Philippe, il sort, se fait tuer par la foule et jeter dans la lagune.

SCÈNE 7 : *un Médicis chasse l'autre.*

Sur la grande place de Florence, Côme de Médicis couronné duc par le cardinal prononce le discours d'usage...

4 | La dramaturgie de « Lorenzaccio »

Il n'est qu'à se reporter à la structure de *Lorenzaccio*, pour se rendre compte de la grande complexité du système dramatique qui régit l'œuvre. Mais paradoxalement, ce texte, conçu à l'origine pour la lecture, ne prend sa véritable dimension qu'à la représentation qui, grâce au schématisme inhérent aux conditions du spectacle, ordonne les grandes masses, et permet à l'ensemble de trouver son équilibre et son unité. L'étude de la pièce sous cet aspect amène donc à dégager une dramaturgie tout à fait cohérente.

LA CONDUITE DE L'ACTION

Une triple signification se dégage de l'œuvre qui comporte trois niveaux dont les différents développements sont conduits de façon simultanée. Sur un fond historique qui plonge le spectateur dans l'Italie du XVIᵉ siècle, s'inscrivent les tentatives pour transformer le système politique en place, ce qui amène à poser, sur le plan individuel et collectif, les problèmes de l'action et de la pureté. Un niveau historique et un niveau philosophique donc constamment présents en filigrane au cours du développement de la pièce : nous aurons l'occasion d'en reparler dans un autre chapitre; et un niveau d'intrigue qui fera plus particulièrement l'objet de la présente étude.

Une première constatation : les fils de l'action sont au nombre de cinq, et sont constitués par les tentatives de Lorenzaccio, des républicains qui se divisent par la suite en deux camps, celui de Philippe et celui de son fils Pierre, de la marquise et de la masse anonyme des habitants de Florence. Absence d'unité d'action, par conséquent ? Oui, en apparence, d'autant plus que ces intrigues se développent de façon relativement autonome; non, en fait, car superficiellement des liens viennent les relier : c'est la faillite de l'opposition républicaine organisée qui amène Lorenzaccio et la marquise d'abord, Pierre ensuite, à chercher des moyens d'action moins classiques; c'est l'abandon de la marquise par le duc qui permet à Lorenzaccio d'attirer sa victime dans un piège; c'est pour les républicains et pour le peuple que Lorenzaccio travaille.

Mais c'est surtout en profondeur que l'unité se reconstruit : il s'agit de cinq tentatives dirigées contre le pouvoir représenté par un obstacle apparent, le duc et par un obstacle occulte, le cardinal; il s'agit de cinq formes d'action qui toutes échouent. Chacun de ces cinq fils est conduit avec son exposition, son développement et son dénouement.

• *Le fil « Lorenzaccio »*

Le fil essentiel est évidemment celui de Lorenzaccio : c'est lui qui donne le titre à la pièce; et il y occupe 19 scènes sur 38; il est l'exemple de l'engagement total, intelligence, sensibilité et corps, dans l'action et de la destruction de l'être qui en est la conséquence. L'exposition est fort longue, Musset prenant soin de dissimuler le plus longtemps possible la double personnalité du jeune homme : totalement cachée (acte I, scène 1); soupçonnée (acte I, scène 4, le cardinal : « Si je craignais cet homme, ce ne serait pas pour votre Cour, ni pour Florence, mais pour vous, duc », p. 365); suggérée (acte I, scène 6, Catherine : « Sa jeunesse n'a-t-elle pas été l'aurore d'un soleil levant ? », p. 375); annoncée (acte II, scène 2, Lorenzo parle du « jour de (ses) noces », p. 387; acte II, scène 4, il avertit : « ... si mon spectre revient, dites-lui qu'il verra bientôt quelque chose qui l'étonnera », p. 396; acte II, scène 5, il demande à Thomas : « En sorte que vous l'avez frappé à l'épaule ? - Dites-moi donc un peu... », p. 406); soulignée (voir le vol de la cotte de mailles à la scène 6 de l'acte II), elle se révèle enfin totalement avec l'indication précise donnée à Scoronconcolo par Lorenzaccio qui achève l'exposition (acte III, scène 1 : « Tu as deviné mon mal, j'ai un ennemi », p. 413). La technique adoptée présente donc deux particularités qui la distinguent des procédés de l'exposition traditionnelle : la situation est révélée de façon dynamique, grâce à l'utilisation de l'effet de surprise reposant sur le jeu des apparences et de la réalité, et grâce aussi à l'enchâssement habile, à l'intérieur de l'exposé des faits, de deux éléments, le vol de la cotte de mailles et la lutte avec Scoronconcolo, qui font déjà partie de la conduite de l'intrigue.

Une fois qu'a été indiqué au spectateur tout ce qui est nécessaire à la compréhension des faits, Lorenzaccio va se trouver partagé entre la préparation de son plan (acte III, scène 4; acte IV, scènes 1, 3, 5, 9), les efforts de dissimulation de son projet au duc (acte IV, scènes 1 et 10) et les avertissements donnés aux républicains (acte III, scène 3; acte IV, scène 7). Trois embryons de coups de théâtre viennent modifier quelque peu l'orientation : l'un (scène 7 de l'acte IV) est constitué par le refus des républicains de prendre Lorenzaccio au sérieux, et aura de graves conséquences sur l'action entreprise; les deux autres, la méfiance du duc devant la disparition de sa cotte de mailles (acte IV, scène 1) et surtout les avertissements du cardinal (acte IV, scène 10), auraient pu, s'ils avaient connu un véritable développement, avoir une influence considérable sur le déroulement du plan. L'action ne comporte donc que peu de rebondissements et rend parfaitement compte de la logique implacable avec laquelle Lorenzaccio conduit ses desseins. Trois scènes seulement sont consacrées au dénouement qui se déroule pourtant en deux temps : à la scène 11 de l'acte IV, c'est la disparition de l'obstacle avec l'assassinat du duc; à la scène 6 de l'acte V, c'est la mort de Lorenzo dont la tête a été mise à prix (acte V, scène 2). Fin significative qui prouve que le véritable obstacle, ce n'était pas le duc, ni politiquement, puisqu'il est aussitôt remplacé, ni personnellement, puisque le mal de Lorenzaccio est à l'évidence tapi au fond même de son âme.

• *Le fil « républicain »*

Le double fil républicain occupe la deuxième place : il est en effet directement lié au fil principal, et se déroule dans 16 scènes sur les 38 que compte la pièce. Se développant avec une symétrie parfaite, les deux intrigues représentent les deux réponses données par les républicains au pouvoir dictatorial : la patience et la compromission préconisées par le père, Philippe (12 scènes); la violence et l'irresponsabilité adoptées par le fils, Pierre (12 scènes).

L'exposition, commune aux deux actions, ne s'étend pas au-delà du premier acte; elle est, elle aussi, dynamique, puisqu'elle montre concrètement la situation politique, et la lutte sourde qui oppose le régime du duc et les républicains, en mettant en scène des atteintes individuelles, l'insulte faite à Louise Strozzi (acte I, scène 2) et au prieur (acte I, scène 5), et la persécution collective, le bannissement des opposants (acte I, scène 6). C'est la conjonction de ces deux éléments qui va entraîner les réactions de Philippe et de Pierre Strozzi. La conduite de Philippe est marquée par l'indécision et les revirements : appel à la patience (acte II, scène 1); attitude de compromission de ses amis (acte II, scène 4); prudence (acte II, scène 5); ralliement à l'action (acte III, scène 2); découragement lors de l'arrestation de ses fils (acte III, scène 3); désespoir à la mort de sa fille (acte III, scène 7). L'action de Pierre est au contraire placée sous le signe de la détermination et de la violence : colère devant l'injure (acte II, scène 1); tentative d'assassinat contre Salviati (acte II, scène 5), qui en réchappe (acte II, scène 7); participation à un complot (acte III, scène 2) et arrestation (acte III, scène 3); fureur, à la nouvelle de la mort de Louise (acte IV, scène 2).

Contrairement à ce qui se passe pour le fil Lorenzaccio, cette double intrigue est agitée de nombreux coups de théâtre qui expliquent les contradictions et l'absence de logique dans la conduite du père et du fils, et qui modifient, de façon différente et même opposée, les desseins des deux hommes : échec de l'assassinat de Salviati (acte II, scène 7); arrestation de Pierre et Thomas (acte III, scène 3); mort de Louise (acte III, scène 7). Le dénouement, qui se situe dans la droite ligne de l'action, se produit en deux temps : rupture entre les deux hommes dont les conceptions apparaissent définitivement inconciliables (acte IV, scène 6); retraite à Venise de Philippe qui mènera désormais une vie résignée, consacrée à des études stériles (acte V, scènes 2 et 6); activisme de Pierre qui, dévoré d'ambition, sera prêt à tout pour faire triompher sa cause (acte IV, scène 8; acte V, scène 4).

● *Le fil « marquise »*

C'est toute sa sensibilité qu'engage la marquise pour faire pression sur les événements ; sommairement brossée, parce qu'accessoire, l'intrigue qui se déroule sur six scènes est construite de façon linéaire : une rapide exposition (acte I, scène 3) qui nous révèle en action les liens existant entre le duc et la marquise ; un développement en trois scènes, histoire d'un bref amour traversé par quelques cas de conscience (confession, acte II, scène 3 ; attente, acte III, scène 5 ; rendez-vous, acte III, scène 6) ; un double dénouement : l'aveu de la marquise à son mari préparé par le mini-coup de théâtre que représente la révélation des desseins cyniques du cardinal (acte IV, scène 4) ; la réconciliation finale (acte V, scène 3).

● *Le fil collectif*

Enfin, dernier fil, le peuple et son impuissance à agir : 9 scènes présentent la situation politique globale. En exposition, la peinture du mécontentement général (acte I, scène 2). Puis le développement de l'action : contestation (acte I, scène 5), bannissement (acte I, scène 6), protestation (acte III, scène 3), refus d'écouter les avertissements de Lorenzo qui constitue un semblant de coup de théâtre (acte IV, scène 7), absence de réaction qui permet aux tenants du pouvoir de s'organiser (acte V, scène 1), bavardages stériles (acte V, scène 5). Toutes ces attitudes laissent présager le double dénouement : la participation à l'assassinat de Lorenzaccio (acte V, scène 6), et l'avènement de Côme de Médicis (acte V, scène 7).

L'ÉCLATEMENT SPATIAL

Parmi les unités chères aux classiques, l'unité d'action est donc respectée, bien qu'interprétée dans un sens large comme la résultante d'éléments convergents. La plupart des systèmes dramatiques s'y conforment d'ailleurs, contraints qu'ils sont de se plier aux nécessités de la représentation qui ne dispose que d'un temps limité et d'une attention relative des spectateurs.

Mais qu'en est-il des autres unités ? Ce ramassé est loin d'apparaître sur le plan spatial ; *Lorenzaccio* est au contraire marqué par un élargissement local qui aboutit à une multiplicité de lieux.

L'action se déroule dans cinq lieux différents : 32 scènes se situent à Florence, 2 à Venise, 2 à la campagne, 1 dans une auberge, 1 à Montolivet, 16 décors sont utilisés :

- 7 décors extérieurs qui sont le cadre de 16 scènes : *une rue, 6 scènes ; une place, 3 scènes ; le bord de l'Arno, 2 scènes ; une vallée, 2 scènes ; un jardin, 1 scène ; le parvis de l'église de Montolivet, 1 scène ; le portail d'une église de Florence, 1 scène.*

- 9 décors d'intérieur qui intéressent 22 scènes : *4 scènes pour le palais du duc ; 4 scènes pour la maison des Cibo ; 4 scènes pour le palais Strozzi ; 3 scènes pour la chambre de Lorenzaccio ; 2 scènes pour le palais Soderini ; 2 scènes pour le cabinet de Philippe à Venise ; 1 scène pour la cour du palais ducal ; 1 scène pour le boudoir de la marquise ; 1 scène pour une auberge.*

Cette ouverture spatiale reçoit de multiples significations ; elle n'est pas refus systématique de la doctrine classique, ce qui serait le résultat d'une attitude bien superficielle ; elle s'inscrit en fait dans un ensemble dramaturgique ; elle est d'abord la conséquence directe de la complexité de l'action qui rend nécessaire une spécificité de lieux, les différents complots ne pouvant se dérouler dans ce vestibule neutre propre à la tragédie classique. Elle est ensuite la manifestation de ce pittoresque cher aux romantiques qui, refusant de privilégier certaines réalités au détriment d'autres, s'appliquent à décrire la vie dans toute son ouverture et toute sa richesse ; les décors sont indiqués avec une précision minutieuse, les accessoires ne manquent pas, les attitudes sont fidèlement rendues.

Cet éclatement spatial permet enfin, en faisant se succéder décors extérieurs et décors intérieurs, de jouer habilement sur le contraste entre les mouvements de foule et les scènes intimes : l'apaisement souvent mélancolique suit ainsi l'agitation de la rue (acte I, scène 3 ; acte I, scène 2) ; les soubresauts collectifs font ainsi place aux troubles de l'âme (acte V, scène 5 ; acte V, scène 6). Une telle conception, reposant sur le désir de rendre compte d'un contexte historique, jointe à la multiplicité des intrigues explique par ailleurs le grand nombre de protagonistes et l'abondance de la figuration : 44 personnages, une trentaine de figurants, voilà qui aide encore à l'émergence du pittoresque et à l'animation du spectacle.

L'UNITÉ DE TEMPS ?

Malgré certaines imprécisions de la part de Musset qui ne se souciait guère, semble-t-il, de souligner la succession temporelle, il est possible de situer approximativement le déroulement de la pièce. L'action occupe une durée de 9 jours et, témoignant d'un souci certain de concentration des faits, est donc relativement ramassée dans le temps, beaucoup plus que dans la réalité. Une série d'indications, disséminées tout au long de l'œuvre, permettent de reconstituer assez facilement la marche des événements.

- Le duc a été découvert assassiné « à six heures de la nuit, le 6 du mois » (en janvier, précisent les données historiques), « l'an 1536 » (en fait 1537) (acte V, scène 5, p. 482).

- L'élection de Côme de Médicis, à la dernière scène de l'acte V, aura lieu le lendemain, c'est-à-dire le 7 [1].

- L'aveu de la marquise à son mari, à la scène 4 de l'acte IV, se situant la veille du meurtre du duc, donc le 5 [2], et le marquis étant de retour une semaine après son départ du début de la pièce [3], l'action s'ouvre par conséquent le 29 décembre, et, qui plus est, un vendredi, jour du pèlerinage de Montolivet [4]. Les faits se déroulent donc du vendredi 29 décembre 1535 au dimanche 7 janvier 1536.

Dans les détails, voici quelle pourrait être la reconstitution des événements :

acte I, scène 1, vendredi 29 décembre, 0 heure (le duc : « il est minuit », p. 347);

scène 2, l'aube (« Le point du jour », p. 350);

scènes 3, 4 et 5, avant midi [5];

---

1. Le matin du meurtre, Corsi répond à Niccolini : « Côme sera ici dans la matinée de demain... » (acte V, scène 1, p. 475).
2. Il prend place en effet après les recommandations de Lorenzo à Scoronconcolo : « ... ne manque pas de venir à minuit » (acte IV, scène 3, p. 450).
3. « ... ce sera l'affaire d'une semaine », dit-il à la scène 3 de l'acte I, p. 358.
4. *La voisine* : « ... je n'y viens jamais qu'un seul vendredi » (acte I, scène 5, p. 368).
5. Les indications qui le prouvent ne manquent pas :
   La marquise : « Ce sera pour ce soir », scène 3, p. 359; *le duc* : « Votre Émi-

acte I, scène 6; acte II, scène I, le soir (Catherine : « Le soleil commence à baisser », acte I, scène 6, p. 374; Pierre : « ... le dîner est servi », acte II, scène I, p. 380 et 381).

Situer la scène 2 de l'acte II, qui marque une rupture temporelle, est plus délicat, mais possible; il faut aller chercher la clef du problème à l'acte III; à la scène 3 en effet, la remarque de Lorenzo faisant allusion à ses projets d'assassinat : « ... dans deux jours, les hommes comparaîtront devant le tribunal de ma volonté » (p. 435) permet de situer le début de cet acte au jeudi 4 janvier; il prend place par ailleurs le lendemain du meurtre de Salviati, ce qui date cet épisode et les scènes qui marquent par rapport à lui une continuité temporelle (acte II, scènes 4 à 7) au mercredi 3 janvier; comme la scène 2 de l'acte II se déroule la veille de la scène 6 de ce même acte [1], nous voici donc le mardi 2 janvier, selon toute vraisemblance, dans la matinée.

La scène 3 de l'acte II se situe le même jour [2], certainement en début d'après-midi (le cardinal vient confesser sa belle-sœur, puis le duc est annoncé, p. 393).

Les scènes 4, 5, 6 et 7 se déroulent, nous l'avons vu, le lendemain mercredi 3 janvier; liées par la continuité temporelle [3], elles prennent place à la tombée de la nuit (Philippe : « Voilà la nuit », scène 5, p. 403).

Entre l'acte II et l'acte III, la nuit est passée; au matin du jeudi 4, Lorenzo se livre à son combat simulé avec Scoronconcolo (scène I), Pierre regrette l'échec de son action (scène 2), et se fait arrêter (scène 3), tandis que Catherine et Marie déplorent l'attitude de Lorenzo (scène 4);

scènes 5 et 6 de l'acte III : il est midi (la marquise : « Il est midi passé », scène 6, p. 440);

---

nence a-t-elle reçu ce matin des nouvelles de la cour de Rome ? », scène 4, p. 362; « La foule sort de l'église »; *Salviati* : « J'ai rencontré cette Louise, la nuit dernière, au bal des Nasi », scène 5, p. 368 et 373.
1. En effet la scène 6 de l'acte II montre Tebaldeo en train de faire le portrait du duc; or, à la scène 2 de l'acte II, Lorenzo dit au peintre : « Viens demain à mon palais » (p. 387).
2. Le jour de l'arrivée du marquis, c'est-à-dire le 5, le cardinal fera d'ailleurs à la marquise la remarque suivante : « Il ne faut pas une grande science, pour garder un amant un peu plus de trois jours » (acte IV, scène 4, p. 452).
3. Lorenzo en effet se déplace successivement du palais Soderini au palais Strozzi, puis au palais ducal.

scène 7 : de nouveau le soir (« Les quarante Strozzi, à souper », p. 441).

L'acte IV s'ouvre le lendemain matin, vendredi 5 janvier : à la scène 1, Alexandre parle en effet de l'empoisonnement de Louise (p. 446), et Lorenzo précise à propos du duc : « Ce soir je l'emmène chez moi » (p. 448). Les scènes 2, 3, 4, 5 et 6, dans la continuité, s'inscrivent entre le matin et la fin de l'après-midi (Pierre : « Si nous pouvons arriver à propos pendant la nuit... », scène 6, p. 459);

scènes 7 et 8 de l'acte IV, le soir (Lorenzo : « Voilà le soleil qui se couche », scène 7, p. 461);

scène 9, c'est la nuit (« Il est nuit », p. 464);

scènes 10 et 11, vers minuit (« Le duc, à souper », scène 10, p. 466; scène 11, c'est le meurtre qui devait intervenir à minuit, d'après les recommandations de Lorenzo à Scoronconcolo : « ... ne manque pas de venir à minuit », acte IV, scène 3, p. 450).

L'acte V s'ouvre le lendemain matin, samedi 6, avec, à la scène 1, la constatation de la disparition du duc (p. 471);

scène 2, arrivée, l'après-midi, de Lorenzo à Venise (p. 478-479)

scènes 3 et 4 : apparemment, continuité temporelle;

scènes 5, 6 et 7, le lendemain, dimanche 7, dans la journée le matin, pour la scène 5 [1] (il faut noter que le meurtre de Lorenzo, à la scène 6, a été considérablement avancé par Musset, puisqu'il se situe en réalité le 26 février 1548).

LES RESSORTS DRAMATIQUES

Le choix des ressorts dramatiques est essentiel dans une œuvre théâtrale; c'est de lui en effet que dépend l'intérêt des spectateurs et que découlent leurs réactions en face de l'évolution du drame. Ces motivations, donc primordiales, Musset les a recherchées à des niveaux différents.

Sa signification intellectuelle, c'est d'abord l'utilisation du procédé du suspense; destiné à susciter la curiosité du

---

[1]. En effet, l'orfèvre précise :
« Le Côme arrive aujourd'hui », scène 5, p. 483, et la scène 7 décrit son élection, tous événements qui se situent le lendemain de la scène 1, comme l'indique Corsi : « Côme sera ici dans la matinée de demain... »

spectateur qui attend ainsi avec impatience la suite de l'action pour savoir comment les choses vont tourner, il revêt ici un double aspect :

statiquement, il est représenté par cette ambiguïté du personnage de Lorenzaccio dont il est impossible d'interpréter clairement les actes et les paroles, et qui ne se révélera pleinement que fort avant dans la pièce, à l'acte III, scène 1 ;

dynamiquement, il repose sur les atermoiements, les vicissitudes, les coups de théâtre et les dénouements des multiples actions : atermoiements de Philippe ou de la marquise (acte III, scène 2 et acte III, scène 5), refus des républicains de croire Lorenzaccio ou révélation de ses projets au duc par le cardinal (acte IV, scène 7 et acte IV, scène 10), arrestation de Pierre ou empoisonnement de Louise (acte III, scène 3 et acte III, scène 7), assassinat de Lorenzaccio ou réconciliation de la marquise et de son mari (acte V, scène 6 et acte V, scène 3), qui sont autant de surprises ou de solutions qui viennent régler des problèmes précis.

Les autres ressorts dramatiques utilisés sont du domaine du sentiment : c'est l'*émotion* qui gagne les cœurs devant la douleur de Philippe (acte III, scène 7) ou les cas de conscience qui déchirent la marquise (acte II, scène 3); c'est la *pitié* qui se lève devant le désespoir pudique de Marie (acte III, scène 4) ou la désillusion morbide de Lorenzo (acte III, scène 3); c'est le *dégoût* qui naît au spectacle des turpitudes du duc (acte I, scène 1) ou à la révélation du cynisme du cardinal (acte IV, scène 4); c'est l'*horreur* qui saisit, lors de l'empoisonnement de Louise (acte III, scène 7) ou de l'assassinat de Lorenzaccio (acte V, scène 6).

Action unifiée, mais complexe; éclatement spatial contribuant à créer le pittoresque; multiplicité des personnages; subtil dosage faisant se succéder mouvements de foule et scènes d'intérieur; resserrement temporel relatif; ressorts dramatiques sollicitant surtout la sensibilité, la dramaturgie de *Lorenzaccio* n'a rien de révolutionnaire; elle marque un effort de synthèse entre un classicisme à l'effet modérateur et un romantisme maîtrisé, plus proche des leçons de Shakespeare ou des auteurs allemands que de la tradition naissante du drame français.

TABLEAU RÉCAPITULATIF : Lieu, Temps, Action

Actes	Sc.	Lieux	Temps	Lorenzo (19 scènes)
I	1	un jardin	29 décembre minuit	dessein dissimulé
	2	une rue	29 décembre l'aube	
	3	palais Cibo	29 décembre avant midi	
	4	palais ducal	29 décembre avant midi	dessein soupçonné
	5	Montolivet	29 décembre avant midi	
	6	l'Arno	29 décembre le soir	dessein suggéré
II	1	palais Strozzi	29 décembre le soir	
	2	une église	2 janvier avant midi	dessein annoncé
	3	palais Cibo	2 janvier après-midi	
	4	palais Soderini	3 janvier le soir	dessein annoncé
	5	palais Strozzi	3 janvier le soir	dessein annoncé
	6	palais ducal	3 janvier le soir	le vol de la cotte de mailles **ACTION**
	7	une rue	3 janvier le soir	

Les Strozzi (16 scènes)		Le peuple (9 scènes)	La marquise (6 scènes)
(Philippe) (12 scènes)	**Pierre** (12 scènes)		
Louise insultée	Louise insultée	mécontentement **EXPOSITION**	
		EXPOSITION	intrigue avec le duc **EXPOSITION**
provocation	provocation	contestation	
les bannis	les bannis	bannissement	
patience	colère		
			confession
compromission		**ACTION**	
prudence	vengeance		**ACTION**
	Salviati réchappe coup de théâtre		

(colonnes Les Strozzi et Pierre : **ACTION**)

TABLEAU RÉCAPITULATIF : Lieu, Temps, Action

Actes	Sc.	Lieux	Temps	Lorenzo (19 scènes)
III	1	chambre de Lorenzo	4 janvier le matin	dessein révélé **EXPOSITION**
	2	palais Strozzi	4 janvier le matin	
	3	une rue	4 janvier le matin	dessein confirmé
	4	palais Soderini	4 janvier le matin	l'appât
	5	palais Cibo	4 janvier midi	
	6	boudoir Cibo	4 janvier midi	
	7	palais Strozzi	4 janvier le soir	
IV	1	palais ducal	5 janvier le matin	Le piège mini-coup de théâtre
	2	une rue	5 janvier la journée	
	3	une rue	5 janvier la journée	préparatifs
	4	palais Cibo	5 janvier la journée	
	5	chambre de Lorenzo	5 janvier la journée	préparatifs
	6	une vallée	5 janvier la journée	

ACTION

Les Strozzi (16 scènes)		Le peuple (9 scènes)	La marquise (6 scènes)
Philippe (12 scènes)	**Pierre** (12 scènes)		
ralliement à l'action	complot		
découragement	arrestation coup de théâtre	protestation	
		ACTION	
			l'attente
			le rendez-vous
mort de Louise : désespoir coup de théâtre			
	mort de Louise : fureur	ACTION	
			l'aveu au mari coup de théâtre **DÉNOUEMENT 1**
rupture : « mains propres » **DÉNOUEMENT 1**	rupture : « mains sales » **DÉNOUEMENT 1**		

— 41 —

TABLEAU RÉCAPITULATIF : Lieu, Temps, Action

Actes	Sc.	Lieux	Temps	Lorenzo (19 scènes)	
	7	l'Arno	5 janvier le soir	avertissements mini-coup de théâtre	
	8	une plaine	5 janvier le soir		ACTION
	9	une place	5 janvier la nuit	préparatifs	
	10	palais ducal	5 janvier vers minuit	dissuasion mini-coup de théâtre	
	11	chambre de Lorenzo	5 janvier vers minuit	assassinat du duc **DÉNOUEMENT 1**	
V	1	palais ducal	6 janvier le matin		
	2	Venise : chez Philippe	6 janvier après-midi	poursuivi	
	3	une rue	6 janvier après-midi		DÉNOUEMENT 2
	4	une auberge	6 janvier après-midi		
	5	une place	7 janvier le matin		
	6	Venise : chez Philippe	7 janvier la journée	mort	
	7	Florence : la grande place	7 janvier la journée		

Philippe (12 scènes)	Les Strozzi (16 scènes)		Le peuple (9 scènes)	La marquise (6 scènes)
	Pierre (12 scènes)			
			insouciance coup de théâtre	
	compromission avec François 1er			
		DÉNOUEMENT 2		
			la succession	
retraite				
				le pardon **DÉNOUEMENT 2**
	ambition			
			bavardages	
résignation			assassinat de Lorenzaccio **DÉNOUEMENT 1**	
			élection de Côme **DÉNOUEMENT 2**	

(colonne centrale : **ACTION**)

5 | L'écriture théâtrale de « Lorenzaccio »

Il convient d'abord de préciser cette notion; l'écriture d'une œuvre, c'est la « manière » de l'auteur, ce sont les techniques de rédaction utilisées pour mener à bien son élaboration; bref, c'est essentiellement le parti pris stylistique retenu avec, dans les détails, la méthode choisie pour conduire les descriptions, les récits, la peinture des caractères... Analyser une écriture théâtrale, ce sera donc déterminer si tous ces éléments ont une valeur dramatique, si l'auteur parvient à leur donner un impact suffisant pour « passer la rampe », ce sera donc s'interroger sur la « signification scénique » de l'expression. Ce problème apparaît particulièrement important dans le cas d'une œuvre comme *Lorenzaccio* qui n'était pas destinée, à l'origine, à être représentée, et qui risquait ainsi de s'éloigner des exigences de la « théâtralité ».

NATUREL ET VIE

L'auteur de théâtre a comme impératif de rendre compte de l'existence, et se doit donc d'adapter son style à la description fidèle de la vie, en se servant de la seule technique à sa disposition, le dialogue. Pour être naturel, il lui faudra reproduire les habitudes de la conversation, c'est-à-dire faire se succéder de courtes répliques; il doit éviter ces longues tirades savamment construites, aux phrases bien balancées et à la logique impeccable qui vont totalement à l'encontre de la simplicité de mise dans les échanges quotidiens. Musset, sur ce point, n'a pas adopté une attitude bien cohérente; en effet, il s'est certes souvent soumis à ces exigences dans *Lorenzaccio*, en procédant par interventions rapides [1], en utilisant une expression volontairement négligée propre à la langue parlée [2], en accumulant les exclamations qui animent le style [3], en multipliant les interrogations qui relancent le dialogue [4].

Mais il a aussi sacrifié aux tirades interminables, à ces véritables dissertations en style soutenu, à ces morceaux de bravoure hérités de la tradition classique et cultivés de façon si excessive par tous les dramaturges romantiques : les développements successifs auxquels se livre Lorenzaccio, à la scène 3 de l'acte IV, sont, à cet égard, significatifs.

LE MÉLANGE DES TONS ET DES GENRES

Décrire la vie, telle qu'elle est, c'est bien; en rendre compte dans sa totalité, en évitant de privilégier certains éléments, au détriment d'autres, c'est encore mieux; tout au moins dans l'optique romantique. En effet, reposant sur une vision globale du monde, le théâtre romantique s'oppose radicalement à la conception classique qui s'attache à la description d'une crise; il s'agit pour les classiques d'analyser un moment significatif se déroulant dans un milieu dont le caractère neutre exclut le pittoresque, et permet au spectateur de fixer toute son attention, non pas sur l'accessoire, non pas sur l'anecdotique, mais sur le permanent, sur le fondamental; les romantiques s'efforcent au contraire, en prônant le mélange des tons et des genres, de montrer la complexité de l'existence, de faire ressentir les contradictions qui sont au centre même de la vie. *Lorenzaccio* suit tout à fait cette orientation. Nous avons déjà vu comment la complexité de l'action et l'éclatement spatial aboutissaient à une grande richesse événementielle, et à l'émergence du pittoresque qui se manifeste notam-

---

1. Voir par exemple, à l'acte I, scène 2, p. 355.
2. Par exemple, à l'acte III, scène 3, p. 419; L'OFFICIER : « ...et le premier qui approche de trop près, un coup de pique dans le ventre! Cela leur apprendra à se mêler de leurs affaires. »
3. Par exemple, à l'acte II, scène 5, p. 403; PHILIPPE : « Oui, ils le savent, les infâmes! ils savent bien où ils frappent! »
4. Par exemple, à l'acte I, scène 1, p. 349; MAFFIO : « Où est ma sœur? que cherchez-vous ici? »

ment dans les contrastes ménagés entre les grands mouvements d'ensemble et les scènes d'intimité.

Cette variété dans l'écriture ne s'arrête pas là; tous les domaines de l'expression sont sollicités :
la peinture des caractères dont nous aurons l'occasion de parler plus loin, les parties descriptives (Lorenzo : « Une seule fois, je me suis assis près d'elle sous le marronnier... la chèvre blanche revenait toujours avec ses grandes pattes menues », acte IV, scène 9, p. 465);
les récits (Lorenzo : « La tâche que je m'imposais... ce n'est pas de cela qu'il s'agit », acte III, scène 3, p. 427);
l'action directement représentée (l'arrestation de Pierre et de Thomas, acte III, scène 3);
l'action rappelée (le prieur rapporte à Pierre et à Philippe la provocation dont il a été victime, acte II, scène 1).
l'action présagée (l'assassinat fictif de Scoronconcolo par Lorenzo, annonce du meurtre du duc, acte III, scène 1).
les courtes répliques (acte IV, scène 2), les longues tirades (acte III, scène 3);
les monologues (acte II, scène 1).

Les registres utilisés par Musset sont eux aussi des plus variés; le mélange des genres est total :
comique de farce (contraste entre la politesse pédante des précepteurs et la hargne du petit Salviati et du petit Strozzi, acte V, scène 5):
comique léger reposant sur l'humour (description de l'air affairé et important des écoliers qui contemplent de loin la fête chez les Nasi, acte I, scène 2, p. 351);
vulgarité (la conduite de l'officier lors de l'arrestation des Strozzi, acte III, scène 3, p. 418);
émergence du style philosophique (lorsque Lorenzo fait part à Philippe de sa conception de l'existence, acte III, scène 3, p. 420 à 434);
lyrisme qui se manifeste par l'utilisation de nombreuses images (la tirade de l'orfèvre, acte I, scène 2, p. 353);
mélodrame (l'empoisonnement de Louise et l'égarement du père, acte III, scène 7, p. 443 à 446);
tragique (la mort de Lorenzo qui n'aura « pas même un tombeau », acte V, scène 6, p. 488 et 489); tous les niveaux stylistiques sont représentés.

LA PEINTURE DES PERSONNAGES

Il a souvent été reproché à Musset de n'avoir pas su caractériser suffisamment les personnages qu'il a mis en scène; cette accusation est en partie fondée; il a tendance à leur prêter ses états d'âme, à en faire ses porte-parole, ou à exprimer, à travers eux, les multiples facettes d'une vision du monde complexe. Cette façon que l'auteur de *Lorenzaccio* a de vivre intensément dans chacune de ses créations explique le lyrisme qui les anime et la sincérité qui en émane; mais, revers de la médaille, ils manquent souvent d'individualité; ils s'expriment tous dans un style identique somptueux et sensible qui est celui de Musset; il suffit de prendre au hasard des répliques de différents personnages pour s'en convaincre; que ce soit l'orfèvre : « ... comme l'édifice branlait au vent..., on a remplacé le pilier devenu clocher par un gros pâté informe fait de boue et de crachat » (acte I, scène 2, p. 353), le marquis : « Je voudrais pouvoir t'emmener, petit, toi et la grande épée qui te traîne entre les jambes » (acte I, scène 3, p. 357), le duc : « ... ils m'ont mis dans la main une espèce de sceptre qui sent la hache d'une lieue » (acte I, scène 4, p. 362), Scoronconcolo : « Est-ce que sur deux hommes au soleil il n'y en a pas toujours un dont l'ombre gêne l'autre ? » (acte III, scène 1, p. 413), ou Lorenzaccio : « Pendant vingt ans de silence, la foudre s'est amoncelée dans ma poitrine... » (acte III, scène 3, p. 423), malgré leurs préoccupations et leur caractère différents, ils ne cessent de « parler Musset ».

Se ressemblant stylistiquement comme des frères, ils pourraient néanmoins être solidement campés, grâce aux modalités différentes de leur existence et aux visions du monde dissemblables qui régissent leur vie; mais là encore, Musset échoue en partie; il ne parvient qu'à silhouetter ses personnages, car plus qu'à leur signification individuelle, c'est à leur valeur collective qu'il s'intéresse; ils sont des symboles, des représentants significatifs d'une attitude, d'un comportement.
Alexandre de Médicis, c'est l'appétit de plaisir, la recherche de la jouissance immédiate, le désir de vivre dans l'instant (« Allons, allons, ton petit rôle de femme, et de vraie femme, te va si bien ! », dit-il à la marquise, acte III, scène 6, p. 440);

Lorenzo, c'est la recherche désespérée d'une pureté à jamais perdue (« Le vice a été pour moi un vêtement, maintenant il est collé à ma peau », acte III, scène 3, p. 431);

Catherine, c'est l'innocence intacte (« Il ne l'aime plus ? Ah ! comment peut-on offrir sans honte un cœur pareil ! », dit-elle à propos du duc, acte III, scène 4, p. 435);

Philippe, c'est la réflexion stérile (« Qu'il t'est facile à toi, dans le silence du cabinet, de tracer d'une main légère une ligne mince et pure comme un cheveu sur ce papier blanc ! », reconnaît-il, à la scène 1 de l'acte II, p. 379);

Pierre, c'est l'activisme irresponsable (« Un bon coup de lancette guérit tous les maux », répond-il aux objections de son père, à la scène 2 de l'acte III, p. 417);

le cardinal, c'est la satisfaction tirée de l'intrigue, la joie sombre d'éprouver sa puissance occulte (« Je serai l'anneau invisible qui l' [le duc] attachera, pieds et poings liés, à la chaîne de fer dont Rome et César tiennent les deux bouts », exulte-t-il, à la scène 3 de l'acte II, p. 388);

Giomo, c'est la cruauté aveugle, la force brute (« Quand mon Giomo frappe, il frappe ferme », remarque le duc, à la scène 6 de l'acte II, p. 407);

Tebaldeo, c'est le refus de la composition, l'aspiration à une liberté noble et fière (« Je n'appartiens à personne », rétorque-t-il aux propositions de Lorenzaccio, à la scène 2 de l'acte II, p. 386);

Marie, c'est la souffrance résignée (« ... mais tout ce que je vois m'entraîne vers la tombe », dit-elle à Catherine, à la scène 4 de l'acte III, p. 435);

Scoronconcolo, c'est la fidélité presque instinctive (« Pour toi, je remettrais le Christ en croix », explique-t-il à Lorenzaccio, à la scène 1 de l'acte III, p. 414).

« Lorenzaccio », témoignage d'une vision du monde [6]

Machine dramatique, *Lorenzaccio* porte aussi témoignage d'une vision du monde; Musset, nous l'avons noté lors de l'étude de l'écriture de la pièce, se sert de ses personnages pour faire part de son attitude face aux choses de la vie.

LA CONCEPTION DE L'HISTOIRE

Lorenzaccio est d'abord révélateur de la conception que Musset a de l'histoire; l'utilisation qui en est faite est identique à celle que l'on peut trouver dans toutes ses pièces historiques, dans *Fantasio* et *André del Sarto* notamment. La vision qui est la sienne est loin d'être scientifique; elle représente une synthèse de faits, d'adaptations, d'interprétations, d'imagination et d'actualisation qui aboutit, en fin de compte, à une dénaturation assez nette de la réalité décrite.

Certes Musset, nous l'avons vu, a essayé de se servir de faits exacts, en puisant aux sources mêmes, *La storia fiorentina* de Varchi; mais des modifications interviennent déjà à ce niveau; pour introduire le développement des six six dont la fantaisie avait dû le séduire [1], il fait assassiner le duc un an plus tôt (à noter que George Sand avait situé son schéma, *Une conspiration en 1537*, à la date exacte); pour concentrer l'action dans le temps, il avance la mort de Lorenzaccio de plus de douze ans, la fixant au 7 janvier 1536, au lieu du 26 février 1548.

[1]. LE MARCHAND : « Il avait six blessures, à six heures de la nuit, le 6 du mois, à l'âge de vingt-six ans, l'an 1536. Maintenant, un seul mot : il avait régné six ans » (acte v, scène 5, p. 482).

LES ADAPTATIONS ? Elles sont constantes et naturelles pour une œuvre qui, à l'histoire, mêle la fiction ; sur le fond historique, se développent une série d'intrigues, une série de démarches qui, si elles sont suggérées par la chronique, ne sont pas directement cautionnées par elle ; il existe une part d'extrapolation certaine : le refus d'Alamanno, de Pazzi ou du provéditeur de prêter foi aux paroles de Lorenzo (acte IV, scène 7), ou la dispute entre le petit Strozzi et le petit Salviati (acte V, scène 5) sont des faits vraisemblables, mais non prouvés ; de même, la mise en scène de personnages anonymes, comme l'orfèvre et le marchand (acte I, scène 5), l'officier et le bourgeois (acte III, scène 3), ne s'appuie sur aucune indication historique précise.

LES INTERPRÉTATIONS ? Elles sont inévitables, de la part d'un auteur comme Musset littéralement obsédé par ses problèmes personnels ; en prêtant sa sensibilité à Lorenzo ou à la marquise, en imposant son style à tous ses personnages, il aboutit à une profonde dénaturation de leur être historique.

L'IMAGINATION ? Son importance ne pouvait qu'être elle aussi primordiale, chez ce romantique qui se sentait en communion d'esprit avec la renaissance italienne, mais avec une renaissance italienne transposée, repensée, dont les caractères sont accentués, les contrastes forcés. Cet appel venu du sud auquel répond toute une génération revêt une signification véritablement symbolique : partir pour l'Italie, c'est rechercher la luminosité de cieux toujours bleus ; c'est aspirer à une vie libre, sans contrainte ; c'est se plonger dans les délices de l'art ; c'est se retremper dans une civilisation dont on admire le raffinement, et dont on se défend à peine de ressentir la cruauté avec une délectation morbide, cette cruauté qui témoigne d'un accomplissement sans frein des désirs, d'une exaltation dans la démesure. C'est cette vision déformée que Musset essaye de faire passer ; une contradiction secondaire, mais significative, témoigne de ce véritable envoûtement, de cette image d'Épinal que l'Italie représente pour lui : l'action se déroule en hiver (du 29 décembre au 7 janvier) ; le climat de Florence n'a rien de méditerranéen ; or, si quelques indications, témoignant du souci de vérité de l'auteur, viennent le souligner (le duc : « Il fait un froid de tous les diables », acte I, scène I, p. 347 ; premier écolier :

« Mon portefeuille me glace les mains », acte I, scène 2, p. 351 ; la marquise : « L'hiver est si long ! », acte I, scène 3, p. 359), l'ambiance générale est ensoleillée et évoque l'été : le duc Alexandre reçoit ses visiteurs sur une terrasse (acte I, scène 4, p. 362) ; la foule converse devant l'église de Saint-Miniato (acte I, scène 5) ; l'orfèvre et le marchand s'entretiennent, assis en plein air (acte V, scène 5, p. 482) ; tout se passe comme si, malgré ses efforts, Musset ne parvenait pas à échapper aux données de son imagination. Aussi multiplie-t-il les évocations d'un peuple coloré ; aussi éprouve-t-il le besoin de faire paraître fugitivement « ce hâbleur de Cellini » (acte I, scène 5, p. 369), et de camper beaucoup plus longuement Tebaldeo Freccia qui expose sa conception de l'art (acte II, scène 2) ; aussi s'efforce-t-il de marquer les oppositions entre les prétentions de raffinement des grands, qui se manifestent par un goût barbare du faste, et leur mépris foncier de l'art (le duc : « Je protège les arts comme un autre, et j'ai chez moi les premiers artistes de l'Italie ; mais je n'entends rien au respect du pape pour ces statues qu'il excommunierait demain, si elles étaient en chair et en os », acte I, scène 4, p. 364).

ACTUALISATION ? Musset n'a pas échappé à la tentation de juger des faits à travers son époque ; cette attitude revêt deux aspects, et aboutit donc à une double distorsion ; l'auteur de *Lorenzaccio* a terminé, nous l'avons vu, la rédaction de sa pièce après son voyage en Italie ; il a visité Florence et Venise, les deux villes où se déroule l'action, et tout naturellement il a fait un amalgame entre l'Italie du XVIe siècle et celle du XIXe siècle : les mouvements de foule qu'il décrit sont ceux qu'il a pu observer sur place ; la fête peinte à la scène 2 de l'acte I, c'est peut-être une transcription d'un épisode vécu ; la disposition architecturale du palais du duc, la terrasse, la galerie basse, la balustrade (acte I, scène 4), « l'église Saint-Miniato, à Montolivet » (acte I, scène 5, p. 368), « la plate-forme d'où l'on découvre la ville » (acte I, scène 6, p. 370), le quai de l'Arno bordé de palais, ce sont là des détails pris sur le vif, des notations relevées sur les lieux mêmes ; quant aux peintres évoqués, Cellini (acte I, scène 5, p. 369), Raphaël, Buonarrotti (acte II, scène 2, p. 383), Freccia (acte II, scène 2), Musset a certainement dû avoir l'occasion d'admirer leurs œuvres. Si l'évocation est influencée par l'Italie du XIXe siècle, elle doit aussi beaucoup à la France contemporaine de l'auteur ; l'insouciance du peuple et l'inconséquence des républicains qui ne savent pas exploiter la situation favorable, c'est la transposition de l'échec de 1830 qui a vu à une royauté, celle de Charles X, succéder une autre royauté, celle de Louis-Philippe, alors que tout était possible ; l'attitude de Venturi et de Bindo qui acceptent les faveurs du duc (acte II, scène 4), c'est le reflet de la compromission de certains républicains avec le pouvoir royal ; la remarque du marchand : « C'est plaisir de voir ces bonnes dames, sortant de la messe, manier et examiner toutes les étoffes. Que Dieu conserve Son Altesse ! La Cour est une belle chose... » (acte I, scène 2, p. 353), c'est la transcription d'une mentalité, générale chez les commerçants de ces années 1830, qui soutenaient le régime du roi bourgeois, parce qu'il leur donnait toutes occasions de s'enrichir ; la fin de la réplique de Philippe : « Allons-y donc plus hardiment ! la république, il nous faut ce mot-là. Et quand ce ne serait qu'un mot, c'est quelque chose, puisque les peuples se lèvent quand il traverse l'air... » (acte II, scène 1, p. 379), c'est le cri des républicains avides de liberté.

LA POSITION RELIGIEUSE ET MORALE

Musset ne se borne pas à prendre parti dans *Lorenzaccio* contre la royauté, pour un régime républicain ; il y expose aussi les différentes positions possibles, face à la religion et à la morale, sans y indiquer de façon précise la sienne propre. En effet, dans ce domaine, les personnages de la pièce adoptent des attitudes fort diverses ; une première distinction s'impose : alors que Musset ne porte pas de jugements de valeur sur les positions des laïcs, il est beaucoup plus sévère pour le clergé, car son rôle dirigeant et les conséquences morales que ses perversions peuvent avoir lui confèrent une grande responsabilité, et rendent particulièrement dangereuses ses actions contestables. Il s'attaque violemment aux ministres du culte ; ce qu'il reproche au pape, c'est son intervention dans le domaine temporel, alors qu'il ne devrait jouer qu'un rôle spirituel [1] ; c'est son immoralité qui ne l'empêche pas de

---

1. L'ORFÈVRE : « Mais il y a de par le monde deux architectes malavisés qui ont gâté l'affaire ; je vous le dis en confidence, c'est le pape et l'empereur Charles » (acte I, scène 2, p. 353).

vouloir donner des leçons aux autres [1]. Ce qu'il réprouve chez le cardinal, c'est l'utilisation qu'il fait de ses fonctions, pour satisfaire son goût de l'intrigue [2]; c'est la perte de tout sens moral qui, au mépris de la personne humaine, l'amène à considérer que tous les moyens sont bons : détournement de correspondance, malgré les protestations d'Agnolo (« Hélas ! Éminence, c'est un péché », acte I, scène 3, p. 361); excuse du geste sacrilège du duc [3]; véritable chantage à la confession [4]; appel à la prostitution [5].

Aussi, malgré quelques ecclésiastiques qui demeurent dans le droit chemin, comme Valori, homme intègre (le duc lui adresse ce compliment, à la scène 4 de l'acte I, p. 363 : « Vous êtes, pardieu, le seul prêtre honnête homme que j'aie vu de ma vie »), ou comme le prieur, tout de bonté (voir son attitude conciliante, à la scène 1 de l'acte II, p. 380-381), assiste-t-on à une dégénérescence de la foi et à une dénaturation de la morale; tombant dans la superstition (voir le raisonnement des six six du marchand, à la scène 5 de l'acte V, p. 482); n'étant plus qu'un prétexte de réjouissances (voir le pèlerinage de Montolivet qui n'est plus un acte de piété, mais l'occasion d'une foire, acte I, scène 5) ou de spectacles [6]; plus assez forte pour défendre les valeurs morales [7], la religion perd de son unité, et éclate en interprétations divergentes, donnant lieu, chez les laïcs, à des attitudes multiples sur lesquelles Musset se garde bien de porter jugement : est-ce le duc qui a raison dans son athéisme (« Toi qui ne vas pas à la messe... », lui reproche la marquise, acte III, scène 6, p. 438)? est-ce plutôt la marquise, dans son déisme (« ... es-tu sûr que

---

1. *Le duc :* « Ah! parbleu, Alexandre Farnèse est un plaisant garçon! Si la débauche l'effarouche, que diable fait-il de son bâtard, le cher Pierre Farnèse, qui traite si joliment l'évêque de Fano? » (acte I, scène 4, p. 364).
2. *Le cardinal :* « Que ton commissaire apostolique s'enferme avec sa probité dans le cercle étroit de son office, je remuerai d'une main ferme la terre glissante sur laquelle il n'ose marcher » (acte II, scène 3, p. 388).
3. « On peut respecter les choses saintes et, dans un jour de folie, prendre le costume de certains couvents, sans aucune intention hostile à la sainte Église catholique » (acte I, scène 3, p. 360).
4. « Qu'un confesseur doit tout savoir, parce qu'il peut tout diriger, et qu'un beau-frère ne doit rien dire, à certaines conditions », répond-il aux questions de la marquise (acte II, scène 3, p. 392).
5. « Prenez votre manteau, et allez vous glisser dans l'alcôve du duc », lui conseille-t-il, à l'acte IV, scène 4, p. 452.
6. « Ah! monsieur », s'exclame Valori, « quelle satisfaction pour un chrétien que ces pompes magnifiques de l'Église romaine ! » (acte II, scène 2, p. 382).
7. « ... par ce qu'il y a de vrai et de sacré au monde », s'écrie en vain Maffio lors de l'enlèvement de sa sœur, « je me jetterai aux pieds du duc, et il vous fera pendre tous les deux » (acte I, scène 1, p. 349).

l'Éternité soit sourde, et qu'il n'y ait pas un écho de la vie dans le séjour hideux des trépassés ? Sais-tu où vont les larmes des peuples, quand le vent les emporte ? », dit-elle au duc, à la scène 6 de l'acte III, p. 438) ? serait-ce Philippe et sa conception d'un Dieu injuste (« Dieu de justice ! Dieu de justice ! que t'ai-je fait ? », proteste-t-il à la scène 7 de l'acte III, p. 446) ? ou Pierre et sa vision d'un Dieu de vengeance (« Écoutez-moi, prêtres ; si vous êtes l'image de Dieu, vous pouvez recevoir un serment. Par tout ce qu'il y a d'instruments de supplice sous le ciel, par les tortures de l'Enfer... », acte IV, scène 2, p. 449) ? ou Lorenzaccio et son attitude de défi (« Ma vie entière est au bout de ma dague, et que la Providence retourne ou non la tête, en m'entendant frapper, je jette la nature humaine à pile ou face sur la tombe d'Alexandre... », acte III, scène 3, p. 433) ? ou Tebaldeo et son assimilation de la religion à l'art (« Le chant de l'orgue me révèle leur pensée et me fait pénétrer dans leur âme », dit-il en parlant des œuvres de Raphaël et de Michel-Ange ; « je regarde les personnages de leurs tableaux si saintement agenouillés, et j'écoute, comme si les cantiques du chœur sortaient de leurs bouches entrouvertes », acte II, scène 2, p. 383) ? ou encore Catherine et sa saisie intuitive d'orientation panthéiste (« Que le ciel est beau ! que tout cela est vaste et tranquille ! comme Dieu est partout ! », s'extasie-t-elle, à la scène 6 de l'acte I, p. 374) ? C'est à chacun de choisir parmi ces attitudes, selon ses aspirations et ses états d'âme.

UN MONDE D'APPARENCES

Cette absence de détermination morale de Musset est la conséquence d'une vision globale du monde vérifiée par les données cruelles de l'expérience ; la vie est faite de revirements ; le hasard y est tout-puissant ; aucune stabilité n'y est assurée ; aucune sécurité n'y existe. Musset venait d'en faire le dramatique constat, à Venise : hier heureux, désespéré le lendemain, parce qu'une maladie inopinée autant que fatale avait amené George Sand à faire connaissance du docteur Pagello. Que blâmer ? son entêtement empreint de lâcheté à vouloir conserver envers et contre tout cet amour déjà perdu ? l'inconstance de George Sand et sa cruauté insouciante ? les procédés douteux de Pagello enfermé dans son égoïsme ? En fait, toutes ces attitudes étaient défendables, parce que conséquences d'événements inévitables, parce que marques du repli de chaque individu sur lui-même. Cette interprétation aboutit à faire de l'univers le monde du relatif, le monde des transformations où se déroule le ballet jamais achevé des apparences et de la vérité.

• *Le rêve*

L'importance de l'illusion est primordiale dans *Lorenzaccio;* son triomphe est particulièrement net, lorsqu'elle se développe en marge de l'action humaine, lorsqu'elle parvient à créer une réalité sans qu'il y ait volonté déterminée d'un personnage de modifier une vérité gênante ; témoignage alors d'un monde qui est par nature faux-semblant, elle se manifeste dans les rêves ou dans les transcriptions cauchemardesques faites à l'état de veille. C'est une illusion bien ambiguë, puisqu'elle constitue à la fois une prémonition de faits réels et une distorsion de cette réalité qui se trouve comme accentuée, comme transfigurée par ces évocations aux images somptueuses, quelque peu comparables aux interprétations du quotidien par l'art. Le songe se manifeste comme le pendant de l'existence de tous les jours à laquelle il vient donner un éclairage différent, conférer une dimension nouvelle ; il apparaît presque plus réel que la vérité ; ainsi Maffio, s'éveillant de son cauchemar : « Il me semblait dans mon rêve voir ma sœur traverser notre jardin, tenant une lanterne sourde, et couverte de pierreries. Je me suis éveillé en sursaut. Dieu sait que ce n'est qu'une illusion, mais une illusion trop forte pour que le sommeil ne s'enfuie pas devant elle » (acte I, scène I, p. 348), découvre une réalité aussi effrayante : « Suis-je éveillé ? c'est le fantôme de ma sœur, il tient une lanterne sourde et un collier brillant étincelle sur sa poitrine aux rayons de lune » (acte I, scène I, p. 348) ; ainsi l'hallucination de Marie, évoquant ce « pâle enfant vêtu de noir » qui réapparaîtra plus tard dans *La nuit de décembre*, constitue une matérialisation du déchirement de Lorenzo : « J'ai entendu tout d'un coup marcher lentement dans la galerie ; je me suis retournée, un homme vêtu de noir venait à moi, un livre sous le bras

– c'était toi, Renzo : « Comme tu reviens de bonne heure ! », me suis-je écriée. Mais le spectre s'est assis auprès de la lampe sans me répondre ; il a ouvert son livre, et j'ai reconnu mon Lorenzino d'autrefois » (acte II, scène 4, p. 395) ; ainsi la transposition de Lorenzo, décrivant sa vie, représente une vision concrète, beaucoup plus réelle que ne pourrait l'être la liste de ses turpitudes : « Mais moi, pendant ce temps-là, j'ai plongé – je me suis enfoncé dans cette mer houleuse de la vie –, j'en ai parcouru toutes les profondeurs, couvert de ma cloche de verre – tandis que vous admiriez la surface, j'ai vu les débris des naufrages, les ossements et les Léviathans » (acte III, scène 3, p. 428).

• *Le luxe*

Le faste, la pompe constituent un deuxième niveau d'illusions ; mener une existence raffinée, se prétendre protecteur des arts, attirer à sa cour des peintres éminents, s'entourer d'un décor somptueux, s'habiller de vêtements aux étoffes les plus rares, voilà qui permet au duc de Florence de dissimuler son vide intellectuel et sa cruauté de barbare, sous le voile d'apparences plus satisfaisantes (voir à ce sujet la scène 6 de l'acte II dont les nombreux contrastes sont particulièrement significatifs ; relevons notamment : « Quand je suis en pointe de gaieté, tous mes moindres coups sont mortels », p. 407, contrastant avec : « Cela vaut toujours mieux, d'ailleurs, de poser le col découvert ; regarde les antiques », p. 408 ; le duc, à propos de la cotte de mailles : « Ce n'est pas que je me défie de personne ; comme tu dis, c'est une habitude, – pure habitude de soldat », p. 408, s'opposant à Lorenzo : « Votre habit est magnifique. Quel parfum que ces gants ! », p. 408).

• *Le masque*

Plus profondes sont les dissimulations qui apparaissent au niveau des caractères ; les apparences que plaquent ainsi certains personnages sur leur réalité profonde sont parfois destinées à leur propre aveuglement ; ne pouvant s'avouer une réalité contraire à leurs aspirations, ils l'escamotent, en ayant recours à des explications plus satisfaisantes ; c'est de cette auto-intoxication que sont notamment victimes la marquise, lorsqu'elle essaye de se persuader que sa passion pour Alexandre est due à de hauts motifs politiques (« Et pourquoi est-ce que tu te mêles à tout cela, toi, Florence ? Qui est-ce donc que j'aime ? Est-ce toi ? Est-ce lui ? », s'interroge-t-elle, à la scène 3 de l'acte II, p. 393), ou Bindo et Venturi, lorsqu'ils tentent de se cacher à eux-mêmes la satisfaction que leur procurent les faveurs du duc (« C'est un tour infâme », « Cela est terrible », se lamentent-ils hypocritement, à la scène 4 de l'acte II, p. 399).

Parfois les faux-semblants ont pour but d'égarer l'entourage : l'exemple le plus significatif est évidemment fourni par Lorenzo qui ne cesse de réfréner ses aspirations profondes, en leur imposant le masque de la débauche ; Lorenzo, c'est l'être qui se contraint à jouer un rôle, qui tourne résolument le dos à sa véritable nature, pour la remplacer par une nature fictive, artificielle (« Pour plaire à mon cousin, il fallait arriver à lui porté par les larmes des familles ; pour devenir son ami, et acquérir sa confiance, il fallait baiser sur ses lèvres épaisses tous les restes de ses orgies. J'étais pur comme un lis, et cependant je n'ai pas reculé devant cette tâche », confie-t-il à Philippe, à la scène 3 de l'acte III, p. 427). Il s'ensuit une division totale de la personnalité qui se trouve écartelée entre la vérité et les apparences (« Moi... qui ai été aux mauvais lieux avec une résolution inébranlable de rester pur sous mes vêtements souillés... », acte IV, scène 5, p. 457).

Cette ambiguïté de la réalité aboutit à une cohabitation de tendances diverses, voire opposées, qui se trouve symbolisée d'une manière caractéristique par les différents noms que reçoit le personnage principal tout au cours de la pièce : « Lorenzo de Médicis » (le duc, acte I, scène 4, p. 364), c'est le nom prestigieux du descendant d'une famille noble, « Lorenzino » (Marie, acte II, scène 4, p. 395), c'est le nom tendre utilisé pour l'enfant d'autrefois, « Renzino » (le duc, acte II, scène 4, p. 399) ou « Renzo » (le duc, acte II, scène 6, p. 409), c'est le surnom trop familier donné au compagnon de débauche, « Lorenzetta » (le duc, acte I, scène 4, p. 367), c'est le diminutif ambigu qui convient à l'être efféminé, « Lorenzaccio » (Lorenzo, acte III, scène 3, p. 429), c'est le terme péjoratif qui s'applique au ruffian maudit des gens honnêtes. Le développement parallèle de ces multiples aspects d'une réalité peut aussi se constater chez le cardinal dont l'hypocrisie et le cynisme parviennent apparemment à faire bon ménage avec les convictions religieuses. Cette contradiction est encore soulignée de façon significative par les boutades en forme d'antithèses adressées à Maffio par Giomo (« Honnête rustre... » ; « brave canaille... », acte I, scène 1, p. 349).

- *Triomphe du mal*

Mais cette cohabitation ne dure pas. L'un des aspects l'emporte irrémédiablement ; et c'est toujours celui qui satisfait les mauvais instincts de l'homme ; la métamorphose donne naissance à des monstres ; vision éminemment pessimiste qui repose sur cette conception débilitante que les apparences sont en fait des masques d'honnêteté et de bonté bien fragiles, et que fatalement la vérité faite d'impureté et d'égoïsme arrivera à les arracher et à triompher ; il ne suffit pour cela que de circonstances favorables : et Lorenzaccio, qui, en émule d'Hamlet, a fait l'expérience de cette évolution hideuse et irréversible (« ... je ne puis ni me retrouver moi-même ni laver mes mains, même avec du sang ! », constate-t-il, à la scène 5 de l'acte IV, p. 457), éprouve un plaisir morbide à épier cette transformation monstrueuse : il la provoque chez Venturi et Bindo, en leur faisant accepter les faveurs ducales (acte II, scène 4) ; il y contribue, en aidant à corrompre Gabrielle (« Voir dans une enfant de quinze ans la rouée à venir ; étudier, ensemencer, infiltrer paternellement le filon mystérieux du vice dans un conseil d'ami, dans une caresse au menton..., habituer doucement l'imagination qui se développe à donner des corps à ses fantômes, à toucher ce qui l'effraye, à mépriser ce qui la protège ! », acte I, scène 1, p. 347) ; il la pressent chez Catherine (« J'allais corrompre Catherine... », acte IV, scène 5, p. 457) ; il la juge universelle (« Je crois que je corromprais ma mère, si mon cerveau le prenait à tâche », acte IV, scène 5, p. 457).

LE MAL DU SIÈCLE

Cette toute-puissance des apparences s'inscrit elle-même dans cette attitude désespérée devant la vie à laquelle on a donné le nom de mal du siècle. Le mal du siècle repose tout entier sur la conception d'un monde éclaté : le XVIIe siècle classique parvenait, tant bien que mal, à reconstituer l'unité de l'univers autour de valeurs idéales et figées; le XVIIIe siècle arrivait, sans trop de difficultés, à recoller les morceaux, en prenant comme références la raison et le progrès; les romantiques, au contraire, impuissants, constatent la division irrémédiable des choses.

- *Politique et société*

Plus que d'une attitude dont on a souvent reproché le caractère artificiel, il s'agit chez eux d'une réflexion provoquée par une situation dont ils sont amenés à prendre conscience : dans le domaine politique, le trouble règne en France depuis 1789; les révolutions se succèdent; les régimes remplacent les régimes; tout système de références cohérent s'effondre, dans la multiplication des divergences, la ténuité des nuances. Aucune marche logique ne semble être suivie par l'histoire; tout paraît être livré au hasard ou à des personnages providentiels qui surgissent et s'évanouissent tour à tour : Alexandre de Médicis assassiné, qu'importe? Côme est là pour lui succéder; on espérait en Louis-Philippe? il ne vaut pas mieux que Charles X; c'est de nouveau l'échec; une fois de plus, les aspirations républicaines ont été trompées.

Au niveau social, les faits parlent eux aussi, et concourent à la création de ce sentiment de division; une royauté acceptée par tous, parce que de droit divin, c'était la caution d'une hiérarchie qui ne reposait pas sur une disparité entre les différents individus, mais sur une décision irrévocable de la Providence, agissant dans le cadre de l'harmonie du monde; une monarchie soutenue de l'extérieur, celle des Médicis, ou étayée par une constitution, celle de Louis-Philippe, et donc simplement tolérée, c'est une couverture commodément offerte à une minorité - les Salviati de *Lorenzaccio* - pour opprimer la majorité, c'est la claustration de groupes enfermés chacun à l'intérieur de ces barrières que représentent la naissance, l'argent, l'éducation (la réflexion de Lorenzo sur Gabrielle : « D'ailleurs, fille de bonnes gens (naissance), à qui leur peu de fortune (argent) n'a pas permis une éducation solide ; point de fond dans les principes, rien qu'un léger vernis » n'est-elle pas significative ? acte I, scène 1, p. 348) ; c'est un cloisonnement encore accentué par la montée des aspirations personnelles qui aboutissent à l'aggravation des contradictions existant entre l'être individuel et l'être collectif, chacun ayant tendance, au lieu de contribuer au mieux-être général, à exploiter le plus possible les avantages que lui offre une situation donnée (voir la vie de fête à la cour de Florence approuvée par le marchand, qui, malgré son honnêteté, en profite pour s'enrichir, acte I, scène 2).

- *Un constat de faillite*

La réflexion sur l'essence, le rôle et le devenir de l'homme ne fait que confirmer ces leçons des événements. Le progrès, quand il ne permet pas aux hommes de mieux s'entre-tuer, aggrave les inégalités sociales, parce qu'il aboutit à l'amélioration de l'existence des seuls privilégiés qui peuvent ainsi, grâce au travail des autres, se livrer à tous les plaisirs (l'orfèvre : « Un bon verre de vin vieux a une bonne mine au bout d'un bras qui a sué pour le gagner... Mais ce sont des tonneaux sans vergogne que tous ces godelureaux de la cour. A qui fait-on plaisir en s'abrutissant jusqu'à la bête féroce ? A personne, pas même à soi, à Dieu encore moins », acte I, scène 2, p. 352). Comment croire à la raison, devant le spectacle des soubresauts politiques, à la vue de l'inconséquence du peuple, qui, lorsque le provéditeur [1] s'est offert « de livrer la forteresse aux amis de la liberté, avec les provisions, les clefs, et tout le reste... a braillé, bu du vin sucré, et cassé des carreaux » ? (acte V, scène 5, p. 484). La religion, comment s'y fier, alors qu'elle a perdu son unité, qu'elle n'est plus un élément de référence absolue ? L'action ? de quelque manière qu'on l'envisage, c'est un constat de faillite ; qu'elle engage la sensibilité, comme chez la marquise, c'est la trahison de soi-même ; qu'elle sollicite la réflexion, comme chez Philippe, c'est l'impuissance ; qu'elle fasse intervenir

---

[1]. Fonctionnaire de l'ancienne République de Venise chargé d'inspections, de gouvernements, etc. Ici le provéditeur Roberto Corsini est le gouverneur de la citadelle.

la détermination, comme chez Pierre, c'est l'aventure ; qu'elle se développe souterrainement, comme chez le cardinal, c'est la dissimulation, le machiavélisme ; qu'elle mette en œuvre toutes les facultés, comme chez Lorenzaccio, c'est l'autodestruction ; dans tous les cas, c'est la contrainte, l'inutilité, la trahison. Les relations humaines ? elles sont décevantes, car elles reposent sur l'ambiguïté, et sont à la merci de ces revirements qui aboutissent à toutes les métamorphoses. L'idéal ? il est inaccessible, et crée l'orgueil et la démesure.

C'est là toute la leçon de la pièce : Lorenzaccio est un jeune homme pur et tranquille qui, brusquement saisi par le spectacle de l'impuissance et de la médiocrité humaine, a entrepris de tout faire pour régénérer cette humanité ; décidé à agir seul, envers et contre tout, envers et contre tous, à utiliser tous les moyens pour parvenir à ses fins ; résolu à lancer un véritable défi au monde, il s'écroulera, miné par l'ampleur du dessein, contesté par les procédés utilisés, tué par l'inanité finale de sa tâche (« Je voulais agir seul, sans le secours d'aucun homme. Je travaillais pour l'humanité ; mais mon orgueil restait solitaire au milieu de tous mes rêves philanthropiques... Je ne voulais pas soulever les masses, ni conquérir la gloire bavarde d'un paralytique comme Cicéron. Je voulais... porter mon épée sanglante sur la tribune, et laisser la fumée du sang d'Alexandre monter au nez des harangueurs, pour réchauffer leur cervelle ampoulée », acte III, scène 3, p. 426).

• *De l'action à l'évasion*

Dans un tel univers, que faire ? En accepter, en assumer l'absurdité, comme le feront plus tard les existentialistes ? encore faut-il être capable de cette lucidité courageuse. Les romantiques sont des êtres bien trop marqués par la sensibilité, pour s'engager sur un tel chemin, pour se livrer à une telle démarche. Ne pouvant supporter cette vision du monde, ils vont tenter de la modifier, en faisant intervenir la notion bien commode d'espérance, en cautionnant aussi de tout leur être ces activités contestées, dont l'inutilité s'estompera, grâce à l'intensité de la participation : ils se livreront résolument à l'action politique, comme Lamartine ou Hugo, pensant ainsi contribuer à la transformation de la société ;

ils miseront, comme Vigny, sur le triomphe à venir de la technique qui, changeant les données de la vie, changera par là même le comportement des individus; ils substitueront au culte de la raison le culte de la sensibilité, comme Musset ou Lamartine. Et puis, si ces expédients apparaissent sous leur véritable jour, dans toute leur vanité, si décidément ils ne parviennent pas à se sentir bien, ni dans leur siècle, ni dans leur peau, ils essayeront de se bercer d'illusions, en utilisant les moyens d'évasion; attirés par la nouveauté et le dépaysement, ils voyageront dans les pays étrangers, créateurs d'exotisme; ce sera l'Orient pour Lamartine, l'Italie pour Musset.

Se rendant compte que partout les problèmes se posent de façon identique, que rien ne change, ils feront appel à l'irréel ou au merveilleux, en tentant la plongée dans un autre univers, comme Hugo ou Nodier; constatant que le mal est au fond d'eux-mêmes, ils s'efforceront de sortir de leur monde intérieur, d'échapper à leur vie monotone, en menant une existence théâtrale, en prenant des poses, en construisant un autre être, en se livrant à toutes ces excentricités dont Musset et Gautier ont donné tant d'exemples remarquables, et qui expliquent, peut-être en partie, l'élaboration du personnage de Lorenzaccio. État d'esprit dont Fantasio donne une description caractéristique, lorsqu'il déclare à Spark : « Quelle admirable chose que les Mille et une Nuits ! O Spark, mon cher Spark, si tu pouvais me transporter en Chine ! Si je pouvais seulement sortir de ma peau pendant une heure ou deux ! Si je pouvais être ce monsieur qui passe [1] ! » Mais là encore, il y a échec; tout s'estompe dans la mesquinerie; même la nature a des ratés (Fantasio : « Comme ce soleil couchant est manqué ! La nature est pitoyable ce soir. Regarde-moi un peu cette vallée là-bas, ces quatre ou cinq méchants nuages qui grimpent sur cette montagne. Je faisais des paysages comme celui-là, quand j'avais douze ans, sur la couverture de mes livres de classe [2] »).

Alors, il faut aider à l'évasion; alors, il faut avoir recours à ces « paradis artificiels » que les romantiques cultiveront bien avant les symbolistes; pour oublier le monde décevant, il faut se livrer au dérèglement des sens; et tous les moyens sont

---

1. Acte I, scène 2 de *Fantasio;* p. 304 du Livre de poche.
2. Acte I, scène 2 de *Fantasio;* p. 303 du Livre de poche.

bons : le vin, dont Musset abusait, et dont Lorenzaccio use lui aussi immodérément (« Peste soit de l'ivrogne et de ses farces silencieuses ! », dit de lui le provéditeur, acte I, scène 2, p. 356); la maladie, en partie conséquence de cette intempérance, qui n'a pas ménagé Musset, et qui n'épargne pas Lorenzaccio (« Regardez-moi ce petit corps maigre, ce lendemain d'orgie ambulant. Regardez-moi ces yeux plombés, ces mains fluettes et maladives, à peine assez fermes pour soutenir un éventail; ce visage morne, qui sourit quelquefois mais qui n'a pas la force de rire », tel est le portrait peu flatteur que le duc fait de lui, à la scène 4 de l'acte I, p. 365); la débauche, cultivée par Musset, comme par Lorenzaccio (« mais j'aime le vin, le jeu et les filles... », reconnaît-il, à la scène 3 de l'acte III, p. 433).

Ainsi pourra-t-on atteindre à cette exaltation de la sensibilité qui entraînait Musset dans des hallucinations, lui faisant voir « Un pâle enfant vêtu de noir », son double qui lui ressemblait « comme un frère [1] », et qui conduit Lorenzaccio au bord du délire (se reporter notamment à la scène du meurtre simulé : « Meurs, infâme ! Je te saignerai, pourceau, je te saignerai ! Au cœur, au cœur ! Il est éventré. - Crie donc, frappe donc, tue donc ! Ouvre-lui les entrailles ! Coupons-le par morceaux, et mangeons, mangeons ! J'en ai jusqu'au coude. Fouille dans la gorge, roule-le, roule ! Mordons, mordons et mangeons ! », acte III, scène 1, p. 412); et puis, pour sublimer tous ces recours, il faut les dédier à des divinités : ce sera l'amour; ce sera l'art.

L'AMOUR ET LA FEMME

La passion a joué un rôle essentiel dans la vie de Musset; ses multiples expériences amoureuses ont contribué à affiner sa sensibilité, l'ont aidé à quitter cette existence superficielle de dandy qui était la sienne au sortir de l'adolescence, et lui ont permis, grâce aux leçons de la douleur, de devenir pleinement homme et pleinement créateur :

« L'homme est un apprenti; la douleur est son maître,
Et nul ne se connaît, tant qu'il n'a pas souffert [2]. »

---

1. *Nuit de décembre* (1835).
2. *Nuit d'octobre* (1837).

L'amour, malgré les désillusions que son goût de la pose exagère souvent, est donc considéré par Musset comme l'accomplissement de l'homme, comme sa principale raison de vivre :

« Après avoir souffert, il faut souffrir encore ;
Il faut aimer sans cesse, après avoir aimé [1]. »

- *Constantes et contradictions*

C'est ce qui explique la place primordiale occupée par la femme dans son œuvre, et plus particulièrement dans *Lorenzaccio*. Elle y apparaît comme un être multiple ; mais, malgré les différences de caractère et de comportement, elle possède un certain nombre de constantes spécifiques qui en font à la fois le charme et le danger. La femme, pour Musset, c'est la pudeur (« Tant de pudeur ! », dit Lorenzaccio à propos de Gabrielle, acte I, scène 1, p. 348) ; mais voilà, il y a l'orgueil, la curiosité ou l'intérêt qui viennent tout balayer (« N'as-tu pas été flattée ? Un amour qui fait l'envie de tant de femmes ! un titre si beau à conquérir, la maîtresse de... », ironise Lorenzaccio à l'adresse de Catherine, acte IV, scène 5, p. 457 ; « Ah ! pourquoi y a-t-il dans tout cela un aimant, un charme inexplicable qui m'attire ? », s'interroge la marquise, acte II, scène 3, p. 393 ; « On me l'a montrée ce soir, sortant du spectacle, dans une robe comme n'en a pas l'impératrice », telle est la description que fait Maffio de sa sœur, acte I, scène 6, p. 377). La femme, c'est le charme et la beauté (Gabrielle a « deux grands yeux languissants », acte I, scène 1, p. 347 ; Louise, une « belle épaule, tout humide et si fraîche ! », acte I, scène 2, p. 357) ; mais que d'hypocrisie là-dessous dissimulée ! (« Voir dans une enfant de quinze ans la rouée à venir », apprécie Lorenzaccio, acte I, scène 1, p. 347). La femme, c'est la sensibilité jamais épuisée (« Mais quel flot violent d'un fleuve magnifique sous cette couche de glace fragile qui craque à chaque pas ! », présage Lorenzaccio de Gabrielle, acte I, scène 1, p. 348) ; mais que de tentations elle provoque, de combien de perversions elle est la cause (« Quand je pense que cela est, cela me fait l'effet d'une nouvelle qu'on m'apprendrait tout à coup », médite la marquise, en songeant que c'est son amant qu'elle attend, acte III, scène 5, p. 435) !

1. *Nuit d'août* (1836).

• *De la pureté à la débauche*

Il y a donc bien une nature profonde de la femme; mais elle ne doit pas faire oublier la variété des attitudes et des réactions; elle ne doit pas dissimuler les qualités différentes de sentiments que chacune peut offrir. *Lorenzaccio* en dresse un véritable catalogue; la femme, ce peut être la courtisane expérimentée que l'on paie argent comptant (Lorenzo à Tebaldeo : « Pourquoi donc ne peux-tu peindre une courtisane, si tu peux peindre un mauvais lieu ? », acte II, scène 2, p. 385); la jeune fille encore pure que l'on débauche, à force de présents et en achetant les parents (exemple type de Gabrielle payée « un millier de ducats à sa mère », attirée par « un collier brillant », et dont Lorenzaccio affirme : « Jamais arbuste en fleur n'a promis de fruits plus rares, jamais je n'ai humé dans une atmosphère enfantine plus exquise odeur de courtisanerie », acte I, scène 1, p. 348); la dame noble, avide d'amants admirateurs (première dame : « Il est bête à faire plaisir, ton officier; que peux-tu faire de cela ? », acte I, scène 5, p. 371); l'oisive succombant à la sensibilité, et demandant à la passion la nouveauté et la sensation d'exister (« Advienne que pourra, je veux essayer mon pouvoir », s'écrie la marquise, à la scène 5 de l'acte III, p. 435); la jeune fille sans problème, cherchant dans l'amour l'accord de deux cœurs (Tebaldeo : « Le soir, je vais chez ma maîtresse, et quand la nuit est belle, je la passe sur son balcon », acte II, scène 2, p. 387); l'adolescente, restée pleine de générosité et de fraîcheur, attachée aux vraies valeurs humaines (« Son cœur n'est peut-être pas celui d'un Médicis; mais, hélas ! c'est encore moins celui d'un honnête homme », regrette Catherine, à propos de Lorenzaccio, acte I, scène 6, p. 375); la vieille femme tendre et résignée (« J'ai trop souffert, ma pauvre Catherine... Allons, soutiens-moi, pauvre enfant; je ne te donnerai pas longtemps cette peine », acte III, scène 4, p. 435).

L'amour, ce peut être l'amour sensuel, que l'on prend en passant, et qui n'engage pas (Lorenzo : « J'aurais pleuré avec la première fille que j'ai séduite, si elle ne s'était mise à rire », acte III, scène 3, p. 429); mais ce peut être la passion qui s'empare de tout l'être (la marquise au duc : « Vous autres hommes, cela est si peu pour vous ! Sacrifier le repos de ses jours, la sainte chasteté de l'honneur! quelquefois ses enfants même - ne vivre que pour un seul être au monde... », acte III, scène 6, p. 436); ce peut être aussi un sentiment pur, une affection de sœur, comme chez Catherine qui espère encore en Lorenzaccio (« Je me dis malgré moi que tout n'est pas mort en lui », acte I, scène 6, p. 375); ou la sollicitude maternelle de Marie qui se souvient de son « Lorenzino d'autrefois » (acte II, scène 4, p. 395).

LA PENSÉE ET L'ART

Lorenzaccio constitue aussi une méditation sur la pensée et sur l'art; ces deux types de réflexion, s'ils sont voisins, reçoivent des significations dramaturgiques différentes; en effet, les interrogations sur la philosophie sont directement intégrées à la pièce, puisqu'elles entrent dans le cadre de l'étude des rapports entre la pensée et l'action qui, nous l'avons vu, est, en fait, tout le sujet; au contraire, les développements sur l'art ont l'allure d'intermèdes, et se présentent comme une sorte de dissertation dialoguée autonome.

• *Échec de la philosophie*

La philosophie apparaît, dans *Lorenzaccio*, comme le type même de l'acte gratuit, de la démarche inutile; Musset a construit le personnage de Philippe essentiellement en vue de cette démonstration; le philosophe est un idéaliste, attaché à ses rêves de perfection, travaillant dans l'absolu (« Que le bonheur des hommes ne soit qu'un rêve, cela est pourtant dur », Philippe, acte II, scène 1, p. 379); refusant de regarder la réalité en face (« Arrête ! Ne brise pas comme un roseau mon bâton de vieillesse », répond-il aux propos pleins de désillusion de Lorenzaccio, acte III, scène 3, p. 428); s'épuisant à ressasser les mêmes idées stériles (« ... j'ai trop réfléchi ici-bas, j'ai trop tourné sur moi-même, comme un cheval de pressoir... », acte III, scène 3, p. 423); réduit presque à un enfant incapable de se déterminer lui-même (« Parle-moi, je suis faible... », demande-t-il à Lorenzaccio, acte III, scène 3, p. 423), il ne peut faire face à l'action (« Mais l'architecte qui a dans son pupitre des milliers de plans admirables ne peut soulever de terre le premier pavé de son édifice, quand il vient se mettre à l'ouvrage avec son dos voûté et ses idées obstinées », acte II, scène 1, p. 379). La contestation de l'attitude de Philippe par l'activiste Pierre et par le nihiliste Lorenzaccio, c'est la contestation de la philosophie; son échec final, c'est l'échec de la philosophie; mais les démarches de Pierre et de Lorenzaccio n'aboutissent-elles pas, elles aussi, à la faillite ?

- *Une nouvelle religion*

Impossibilité donc de se réfugier dans le monde des idées; mais heureusement il y a l'univers de l'art dans lequel les romantiques ont mis tout leur espoir; déçus par la réalité, ils s'adonnent à une activité qui, bien que devant beaucoup au rêve, ne fait pas courir le risque des désillusions, car elle ne vise pas à une transformation, mais à une transposition des données. La somme d'enseignements qu'il est possible de tirer de *Lorenzaccio* permet de se faire une idée assez précise des conceptions artistiques de Musset. Sur le plan matériel, il y pose, de façon intéressante, le problème du mécénat; il semble le souhaiter, si l'on se rapporte aux paroles de l'orfèvre : « Si j'étais un grand artiste, j'aimerais les princes, parce qu'eux seuls peuvent faire entreprendre de grands travaux » (acte I, scène 5, p. 369); il semble regretter le peu d'intérêt porté par Louis-Philippe à la protection de l'art; mais sa position est nuancée; l'artiste, pour créer, doit être entièrement libre; dépendre d'un protecteur risque donc d'avoir des conséquences fâcheuses sur l'activité créatrice (Tebaldeo : « Je n'appartiens à personne. Quand la pensée veut être libre, le corps doit l'être aussi », acte II, scène 2, p. 387).

C'est que l'art est une véritable religion, à laquelle il faut se livrer corps et âme; l'artiste témoigne d'une vérité devant Dieu; c'est ce qui explique les liens très étroits établis par Tebaldeo entre les domaines artistique et religieux. Il ne faut pas cependant prendre ces rapports au pied de la lettre; lorsque Tebaldeo s'écrie, à propos des chefs-d'œuvre, qu'il ne peut mieux les contempler que dans une église, lorsqu'il ajoute : « Des bouffées d'encens aromatiques passent entre eux et moi dans une vapeur légère. Je crois y voir la gloire de l'artiste » (acte II, scène 2, p. 383), ce mysticisme est celui d'un

peintre de la renaissance, et non celui de Musset; tout au moins
dégage-t-il le caractère sacré de l'art qui a pour but d'interpréter la création; et, en fin de compte, l'auteur de *Lorenzaccio*
n'a-t-il pas, cachées au fond de lui, de semblables aspirations ?
Certains vers du poème *Le souvenir* (1841), dans lesquels il
dédie à Dieu ses amours passées, expriment des sentiments
assez proches de ceux de Tebaldeo :

« Je me dis seulement : A cette heure, en ce lieu,
Un jour, je fus aimé, j'aimais, elle était belle ;
J'enfouis ce trésor dans mon âme immortelle,
Et je l'emporte à Dieu. »

L'art ne doit donc pas être galvaudé ; il doit être respecté,
soumis à toutes les dévotions (Tebaldeo : « Je ne respecte
point mon pinceau, mais je respecte mon art. Je ne puis faire
le portrait d'une courtisane », acte II, scène 2, p. 384). L'artiste
forme un tout ; il ne peut pas séparer sa vie quotidienne de
son activité créatrice ; toutes ses actions, toute son existence
doivent témoigner de son art ; honnêteté, indépendance, goût
pour les occupations paisibles, telles sont les qualités de
l'artiste, si l'on en juge par Tebaldeo (« Pourquoi m'en vou-
drait-on ? je ne fais de mal à personne... Personne ne me
connaît, et je ne connais personne ; à qui ma vie ou ma mort
peut-elle être utile ? », acte II, scène 2, p. 387). L'art a besoin
de Dieu, il lui faut aussi des circonstances favorables pour
s'épanouir, des sources d'inspiration pour s'exalter. Tebaldeo
développe une conception qui est tout à fait celle des romantiques ; la création se satisfait des périodes troublées ; la
stabilité engendre des œuvres pures, mais faibles ; les chefs-
d'œuvre ont besoin de grands bouleversements (« Il y a plu-
sieurs cordes à la harpe des anges ; le zéphyr peut murmurer
sur les plus faibles et tirer de leur accord une harmonie suave
et délicieuse ; mais la corde d'argent ne s'ébranle qu'au passage
du vent du nord », acte II, scène 2, p. 385) ; car l'œuvre a
besoin de souffrance (« L'enthousiasme est frère de la souffrance », acte II, scène 2, p. 386) ; attitude doloriste qui, bien
que combattue ironiquement par Lorenzaccio (« Je me ferais
volontiers l'alchimiste de ton alambic ; les larmes des peuples
y retombent en perles », acte II, scène 2, p. 386), représente
la position de Musset, comme en témoignent les fameux
vers :

« Les chants désespérés sont les chants les plus beaux,
Et j'en sais d'immortels qui sont de purs sanglots[1]. »

D'ailleurs, cette attaque de Lorenzo n'est-elle pas en fait l'occasion pour Musset de rectifier une interprétation souvent tendancieuse ? En effet elle permet à Tebaldeo de préciser qu'il ne s'agit pas d'exploiter le « malheur des familles », mais d'établir une sympathie entre cette situation déplorable et l'art qui est lui-même souffrance (« Je dis que la poésie est la plus douce des souffrances, et qu'elle aime ses sœurs », acte II, scène 2, p. 386).

- *Une ascèse et une technique*

L'art représente aussi une ascèse ; il donne lieu à une activité prenante, exige une discipline de vie nécessaire pour parvenir à des résultats satisfaisants. Il suppose une grande force d'imagination, car il se situe dans le domaine du rêve, et il faut être un puissant génie pour que se lève en soi l'inspiration indispensable à l'éclosion d'œuvres valables (Tebaldeo : « Réaliser des rêves, voilà la vie du peintre. Les plus grands ont représenté les leurs dans toute leur force, et sans y rien changer. Leur imagination était un arbre plein de sève », acte II, scène 2, p. 383). Il réclame un métier qui seul est capable d'amener l'artiste à choisir, de façon judicieuse, l'angle de vue à adopter (pour peindre Florence, dit Tebaldeo, « je me placerais à l'orient, sur la rive gauche de l'Arno. C'est de cet endroit que la perspective est la plus large et la plus agréable », acte II, scène 2, p. 385), ou la pose et le costume de son modèle (« C'est le peintre qui l'a voulu », répond le duc aux questions de Lorenzaccio, « Cela vaut toujours mieux, d'ailleurs, de poser le col découvert ; regarde les antiques », acte II, scène 6, p. 408). Pour acquérir cette technique, un long travail est indispensable, enrichi par la méditation dans la solitude (Tebaldeo : « Je passe les journées à l'atelier... Ce sont les seules occasions où je vais en public », acte II, scène 2, p. 387) ; il convient de ne pas se rebuter devant les difficultés, malgré les déceptions et les désillusions (« Hélas ! les rêves des artistes médiocres sont des plantes difficiles à nourrir, et qu'on arrose de larmes bien amères pour les faire bien peu prospérer »,

---

[1]. *Nuit de mai* (1835).

acte II, scène 2, p. 383). Grâce à l'imitation et aux leçons des maîtres (« Seigneur, c'était mon maître », dit Tebaldeo de Raphaël, « Ce que j'ai appris vient de lui », acte II, scène 2, p. 384), de perfectionnement en perfectionnement, le talent s'affirmera (« Sans compliment, cela est beau », juge Valori, en examinant le tableau de Tebaldeo, « non pas du premier mérite... Mais votre barbe n'est pas encore poussée, jeune homme », acte II, scène 2, p. 384).

Annexes

Les lectures de « Lorenzaccio »

De 1834 à 1930

Jusqu'au premier tiers du xxᵉ siècle, les critiques se montrent pour le moins réticents, dans les jugements qu'ils portent sur *Lorenzaccio*. Réaction particulière face à une pièce donnée? En fait, il s'agit d'une attitude générale envers l'ensemble du théâtre de Musset; ce qu'on apprécie en lui, c'est le poète lyrique, l'auteur des *Nuits;* quant à son talent de dramaturge, il est mis en doute, d'autant plus facilement que l'on considère par ailleurs qu'il a écrit pour la lecture, et non pour la représentation; aussi a-t-on tendance à juger son théâtre sur ses vertus littéraires plus que sur ses valeurs dramaturgiques. Ce que voit Émile Faguet dans *Lorenzaccio*, c'est essentiellement une psychologie, celle du débauché par jeu qui ne peut plus échapper à son vice :

« Cela pourrait s'appeler : il ne faut pas badiner avec la débauche. Un homme s'est juré de tuer un tyran. Pour arriver sûrement à sa fin en captant la confiance de l'ennemi, il se fait son complaisant et son complice, se fait aimer de lui par la dégradation qu'il simule. Mais l'œuvre achevée, il s'aperçoit que les vices qu'il s'est donnés l'ont peu à peu pénétré jusqu'à l'âme, qu'il a accumulé lentement en lui le mépris des hommes et de lui-même, et qu'après avoir donné la mort, il ne lui reste qu'à la désirer. Forte peinture qui montre que, dans sa méditation continuelle des sentiments qui se rattachent à l'amour, Musset avait trouvé toute une psychologie, très restreinte mais très creusée » (*Études littéraires sur le XIXᵉ siècle*, 1887).

Ce qu'y relève Jules Lemaitre, c'est la valeur mythique du héros :

« Je ne pense pas exagérer en disant que le personnage de Lorenzaccio est aussi riche de signification qu'un Faust ou qu'un Hamlet, et que, comme eux, il figure dans une fable particulière de l'homme, l'éternel inquiet et l'éternel déçu, sous un de ses plus larges aspects » (*Impressions de théâtre*, 1898).

Ce qu'y apprécie Gustave Lanson, c'est surtout la puissance de la pensée philosophique :

« *Lorenzaccio*, la plus symbolique de toutes ses comédies, et qui contient peut-être le dernier mot de la philosophie de Musset, est une œuvre délicate, touchante, parfois puissante » (*Histoire de la littérature française*, 1906).

Et l'écriture théâtrale ? elle est rarement approuvée ; si Antoine Benoist met en évidence, avec beaucoup de clairvoyance, la présence théâtrale de *Lorenzaccio* :

« *Lorenzaccio* n'a pas été écrit pour être représenté, mais c'est une pièce essentiellement dramatique, et l'on conçoit très bien qu'avec certains changements elle peut être jouable. Dans tous les cas, l'intérêt qu'elle produit est bien de la nature de celui qu'excite le théâtre » (*Essais de critique dramatique*, 1898),

c'est l'exception : Émile Faguet parle d' « un drame mal fait et qui fourmille d'invraisemblances » (opus cité) ; Léon Lafoscade note :

« L'intérêt s'éparpille bien encore un peu, des disparates et des longueurs se montrent çà et là et, fût-il matériellement jouable, le drame lasserait l'attention d'un spectateur. Prenons-le pour ce qu'il est, c'est-à-dire pour une étude destinée à la lecture. Jugeons que l'auteur n'a que vingt-trois ans, qu'il n'a guère eu le temps de s'exercer au théâtre... » (*Le théâtre d'Alfred de Musset*, 1901).

De 1930 à nos jours

A partir des années trente, la vision va progressivement évoluer ; Musset va prendre un autre visage ; ce que l'on va maintenant louer en lui, plus ou moins au détriment de son œuvre poétique, c'est justement ce qui lui était refusé, le génie dramatique ; et il va apparaître comme le grand dramaturge du XIXe siècle ; ses pièces, en particulier *Loren-*

zaccio, vont être posées comme les seules réussites théâtrales du romantisme :

> « Il a réussi tout ce qu'ont raté les romantiques. Il est le seul qui ait réussi naturellement l'alliage du rire et des larmes qu'ils ont pourchassé par principe. Il est le seul qui ait réussi à toucher avec des intrigues toutes simples. Autant les machines articulées d'Hugo et de Dumas sont difficiles à raconter, autant les intrigues de Musset tiendraient en trois lignes, même celle de *Lorenzaccio*. C'est lui qui a montré que ce que les romantiques voulaient apporter au théâtre pouvait et devait s'allier à ce qui est permanent chez les maîtres. C'est lui qui a réussi pour l'art dramatique ce que la Terreur n'a pas laissé à Chénier le temps d'accomplir pour l'art poétique » (Lucien Dubech, *Histoire générale illustrée du théâtre*, 1934).

On n'hésite plus à faire, à propos de Musset, des comparaisons élogieuses ; Jean Pommier parle de Racine et de Corneille :

> « Ce serait bien étrange que le plus classique de nos romantiques ne se fût pas souvenu de Corneille ni de Racine. De fait, quand Philippe Strozzi gémit que « sa vengeance ait des cheveux gris », quand il se sent fier de « voir le rouge monter au front ».de son fils (acte II, scène 5), il rappelle le père de Rodrigue ; quand la marquise interprète la distraction du duc : « Je vois que tu t'ennuies auprès de moi. *Tu comptes les moments*, tu détournes la tête » (acte III, scène 6), elle reprend, dans « l'hémistiche » souligné, l'expression même d'Hermione à Pyrrhus : « Tu comptes les moments que tu perds avec moi ! » (*Andromaque*, v. 1376) » (*Variétés sur Alfred de Musset et son théâtre*, 1947).

Joachim-Claude Merlant évoque Shakespeare :

> « Hamlet et Lorenzaccio... Il ne s'agit certes pas d'ajouter un parallèle à tant d'autres que tracèrent de bons et fins esprits, - on vient trop tard. Mais il faut souligner une évidence. A dix-sept ans, Musset, disions-nous, est déjà un fervent de Shakespeare. N'est-il pas infiniment probable, pourtant, que sa ferveur shakespearienne est alors en quête d'un objet mieux défini, moins auguste et plus saisissable que le Protée, que le Titan du drame ? Et cet objet, ne l'a-t-il pas trouvé, quand il a lu *Hamlet*, dans le contemporain et le compagnon que Shakespeare lui déléguait ? » (*Le moment de « Lorenzaccio » dans le destin de Musset*, 1955).

La pièce est faite pour passer la rampe, parce qu'elle est marquée du sceau de la variété, parce qu'elle sait subtilement marier les contraires; Henri Lefebvre insiste sur l'unité de l'œuvre :

> « La tragédie de Musset et son personnage central ne se définissent pas seulement par le lyrisme subjectif. L'auteur a réuni le romantisme et le réalisme : un réalisme critique. L'unité, également atteinte, entre le langage poétique et la connaissance de l'histoire et des hommes, confère aussi à la pièce sa profondeur. L'amplification qui donne le typique s'accomplit à travers la poésie, sans perdre la vérité » (*Alfred de Musset dramaturge* 1955).

André Lebois se livre, pour sa part, à une énumération des multiples éléments qui la composent :

> « L'ampleur sans confusion de l'ouvrage, la rigueur du plan sous l'apparence de l'improvisation, la maîtrise avec laquelle sont dominés trente personnages, sans parler des mouvements de foule, le dessin des figures, net comme dans les médailles, profond comme dans les eaux-fortes, la variété des tons et les nuances des dialogues qui n'empêchent nullement l'unité de style, le sens historique qui ressuscite une ville et la poésie qui anime ses rues étranglées et ses paysages suburbains, la puissance satirique et la philosophie exaltante jusque dans son amertume; le regard dominateur jeté sur l'agitation des peuples, la vanité des théories les mieux intentionnées et la brutalité des hommes d'action; et, par-dessus tout, la pathétique figure du héros, abject et tourmenté, méprisable et fraternel, somnambule négateur et marqué du signe de la grandeur, - tout cela n'a d'égal que sur les hauts lieux des lettres mondiales : *Hamlet* ou *Jules César*, *Faust* ou *Marie Stuart*, *La vie est un songe* ou *Boris Godounov* » (*Vues sur le théâtre de Musset*, 1966).

Justice tardivement, mais totalement rendue à ce qui est certainement un des chefs-d'œuvre du théâtre français...

Bibliographie

Les éditions

Parmi les nombreuses éditions de l'œuvre de Musset, signalons plus particulièrement l'intégrale :

• Alfred de Musset, *Œuvres complètes*, Cercle du bibliophile, 1969, en 10 volumes. En plus des œuvres de Musset au texte soigneusement établi (*Lorenzaccio* figure dans le tome IV), on trouvera une bibliographie, une chronologie et de notes abondantes de Gilbert Sigaux, les notes biographiques rédigées par Paul de Musset ainsi qu'une élégante illustration de Bida.

Pour le théâtre complet, rappelons l'édition à laquelle nous renvoyons, tout au cours de cette étude :

• Alfred de Musset, *Théâtre complet*, Paris, Le Livre de poche, 1964-1965; en trois volumes (*Lorenzaccio* se trouve au tome I). Une préface de René Clair donne une interprétation originale du théâtre de Musset; une introduction et des notes succinctes, mais précises, d'Yves Florenne éclairent les points les plus délicats.

Le romantisme

Pour une approche du romantisme, lire l'ouvrage de :

• Louis-Verdun Saulnier, *La littérature française du siècle romantique*, Paris, P.U.F., 1966, étude qui, en 136 pages, donne le point de l'état actuel des recherches sur la littérature du XIXe siècle.

Le théâtre romantique

Sur le théâtre romantique, outre l'ouvrage précédent, on pourra consulter avec profit :

• Maurice Descotes, *Le drame romantique et ses grands créateurs*, Paris, 1954, qui fournit de précieuses indications sur les conditions de création et de représentation des pièces marquantes du romantisme.

La vie et l'œuvre de Musset

Deux titres à conseiller :

- Pierre Gastinel, *Le romantisme d'Alfred de Musset*, Rouen, 1933, qui s'efforce de situer l'auteur de *Lorenzaccio* dans le courant romantique ;
- Philippe Van Tieghem, *Musset, l'homme et l'œuvre*, Paris, Boivin, 1944, qui, en 168 pages, mène parallèlement l'étude chronologique de la vie et de l'œuvre de Musset (le chapitre 8 est consacré à *Lorenzaccio*).

Études sur « Lorenzaccio »

En très grand nombre, elles sont, la plupart du temps, intégrées dans des analyses globales du théâtre de Musset ; citons notamment :

- André Lebois, *Vues sur le théâtre de Musset*, Avignon, Aubanel, 1966, dont le chapitre 1, consacré à une *Analyse spectrale* de *Lorenzaccio*, fouille la pièce jusque dans ses moindres recoins.
- Henri Lefebvre, *Alfred de Musset dramaturge*, Paris, L'arche, 1955, dont le chapitre 4 fournit des documents précieux sur la mise en scène et les représentations de la pièce.
- Bernard Masson, « *Lorenzaccio* », *ou la difficulté d'être*, Paris, Lettres modernes, 1968, qui contient, à côté d'une interprétation moderne de l'œuvre, des indications intéressantes sur les conditions de sa rédaction.
- Joachim-Claude Merlant, *Le moment de « Lorenzaccio » dans le destin de Musset*, Athènes, 1955, qui situe la pièce dans l'existence tourmentée de l'auteur.
- Jean Pommier, *Autour du drame de Venise, G. Sand et A. de Musset au lendemain de « Lorenzaccio »*, Paris, Nizet, 1958, qui, à la lumière de la lettre du 27 janvier 1834, émet des hypothèses originales sur la genèse de l'œuvre.

Quelques directions d'étude ◄

« Lorenzaccio » et le théâtre romantique

- Le théâtre de Musset occupe une place à part dans le mouvement romantique ; essayez de préciser les points de ressemblance et les points de divergence ; de déterminer les avantages et les faiblesses de l'orientation ; de les expliquer, en fonction de la personnalité de Musset.

- Le romantisme apparaît communément comme un anti-classicisme ; un tel point de vue n'est-il pas excessif et superficiel ? *Lorenzaccio* ne présente-t-il pas notamment certains traits qui sont tout à fait dans la ligne classique ?

- *Lorenzaccio* est souvent comparé aux œuvres de Shakespeare ; essayez de dégager les caractères qui permettent d'établir une telle parenté ; cette pièce est-elle unique en son genre ? ou, au contraire, d'autres œuvres théâtrales de Musset méritent-elles un tel rapprochement ?

- Vous essayerez de trouver dans le théâtre de Musset des personnages parents de Lorenzaccio ; vous les comparerez, en dégageant les ressemblances qui les lient et en accusant les nuances qui les diversifient ; vous montrerez qu'il s'agit en fait des reflets d'une même personnalité, celle de l'auteur.

- L'œuvre théâtrale de Musset n'est pas uniquement composée de pièces à prétention historique ; vous essayerez de déterminer l'orientation de ses autres ouvrages dramatiques.

Structure et dramaturgie de « Lorenzaccio »

- Une partie importante de *Lorenzaccio* est consacrée à l'évocation des mœurs florentines ; vous essayerez de localiser ces développements historiques, et vous tenterez, en les exploitant, de dégager la vision que pouvait avoir Musset de la Florence de la Renaissance.

- Musset entremêle fort habilement les différents fils de l'action ; montrez qu'il ne les développe pas au hasard de sa fantaisie, mais selon une logique dramaturgique bien précise.

- L'unité d'action, malgré la complexité de la pièce, apparaît de façon assez nette ; en dehors des éléments déjà dégagés au cours de cette étude, vous essayerez de trouver d'autres points qui y contribuent.

- L'utilisation du pittoresque est un des grands principes romantiques ; du « pittoresque psychologique » à l'exotisme, en passant par la variété dans le ton des dialogues, la couleur locale peut se manifester de multiples façons ; quelles sont les techniques utilisées dans *Lorenzaccio* ? Vous insisterez plus particulièrement sur la précision des lieux, des accessoires et des attitudes, et sur le mélange des genres.

- Les ressorts dramatiques de *Lorenzaccio* intéressent surtout la sensibilité ; ne peut-on pas néanmoins en trouver certains, d'importance secondaire, qui font appel à la raison, à l'intelligence, au jugement du spectateur ?

La « théâtralité » de « Lorenzaccio »

- La « théâtralité » d'une œuvre, c'est ce qui en fait un spectacle destiné à passer la rampe ; étudiez le style de *Lorenzaccio*, en montrant ce qui le distingue de la langue poétique de Musset.

- Dégagez, dans l'acte III, scène 3, ce qui entre dans le cadre d'une vision théâtrale et ce qui, au contraire, est antiscénique.

- Les personnages de *Lorenzaccio* ont une valeur symbolique ; vous essayerez de compléter la liste des symboles envisagés au cours de cette étude, en précisant la signification de Côme, du marquis, de Valori, de Venturi, du prieur, de la marquise.

- Les caractères individuels ne sont néanmoins pas totalement absents ; mais ils apparaissent surtout dans les confrontations entre les personnages ; vous essayerez de le montrer, en précisant la psychologie de Lorenzaccio, de Philippe, de la marquise et du duc.

Index des thèmes

Références aux pages du « Profil »	Références à la pièce de « Lorenzaccio »
Action/engagement, **22, 25, 27, 28, 29, 30, 31, 60, 61**	III, 3 ; III, 6 ; III, 7 ; IV, 7 ; IV, 8 ; IV, 9 ; V, 2
Amour, **11, 12, 18, 20, 23, 32, 48, 63-66**	I, 1 ; I, 3 ; II, 3 ; III, 6 ; IV, 4
Classicisme, **5, 7, 8, 10, 30, 32, 33, 45, 73**	I, 2 ; II, 3 ; III, 3 ; IV, 3
Fantaisie/imagination, **9, 10, 50, 51, 62, 63**	I, 2 ; I, 4 ; II, 5 ; III, 1
Femme, **17, 18, 20, 23, 29, 31, 32, 37, 48, 63-66**	I, 1 ; II, 3 ; III, 4 ; III, 5 ; III, 6 ; IV, 3 ; IV, 4
Histoire, **5, 6, 7, 9, 12, 13, 28, 49, 50, 51, 74**	I, 2 ; I, 4 ; III, 3 ; IV, 6 ; V, 1 ; V, 7
Liberté, **19, 20, 22, 23, 29, 30, 31, 32, 48, 51, 52, 59**	I, 2 ; II, 1 ; II, 3 ; II, 5 ; III, 2 ; III, 3 ; III, 6 ; IV, 4 ; IV, 8 ; V, 2 ; V, 7
Mal de vivre, **10, 11, 12, 17, 22, 24, 29, 59-63**	I, 1 ; II, 5 ; II, 6 ; III, 1 ; V, 2 ; V, 6
Mélange des tons, **7, 45, 46**	I, 1 ; I, 2 ; I, 3 ; etc.
Mort, **13, 18, 21, 23, 24, 26, 27, 30, 31**	I, 1 ; I, 4 ; II, 5 ; II, 7 ; III, 1 ; III, 7 ; IV, 1 ; IV, 2 ; IV, 6 ; IV, 10 ; IV, 11 ; V, 2 ; V, 6
Mouvements de foule, **13, 17, 18, 22, 29, 31, 32, 37, 46, 51, 52, 74**	I, 2 ; I, 5 ; III, 3 ; IV, 2 ; V, 3 ; V, 4 ; V, 5 ; V, 7
Peinture des caractères, **9, 10, 12, 47, 48, 71**	I, 1 ; I, 2 ; I, 3 ; etc.
Philosophie, **7, 8, 10, 12, 22, 45, 46, 47, 52, 53, 54, 60, 66, 67, 71**	I, 2 ; II, 3 ; III, 3 ; IV, 3
Poésie/lyrisme, **46, 47, 74**	I, 3 ; IV, 1 ; IV, 3 ; IV, 9
Pouvoir, **13, 17, 18, 19, 23, 26, 27, 28, 29, 30, 31, 48, 51, 52, 59, 74**	I, 2 ; I, 4 ; II, 1 ; II, 5 ; III, 6 ; IV, 4 ; V, 1 ; V, 7
Pureté, **11, 17, 22, 24, 25, 28, 46, 48, 61, 64, 65, 66**	I, 1 ; I, 6 ; II, 4 ; IV, 3 ; IV, 5 ; IV, 9
Religion, **6, 20, 24, 26, 52, 53, 54, 59**	I, 3 ; II, 2 ; III, 6
Romantisme, **5, 6, 7, 8, 9, 11, 13, 30, 45**	I, 1 ; I, 2 ; I, 3 ; etc.
Théâtralité, **14, 17, 28, 29, 36, 37, 44-48, 71, 73, 74**	I, 1 ; I, 2 ; I, 3 ; etc.

COLLECTION PROFIL

● PROFIL SCIENCES HUMAINES

Présentation d'un livre fondamental (économie, sociologie, psychanalyse, etc.)

- 203 - **Keynes** - Théorie générale
- 205 - **Freud** - Introduction à la psychanalyse
- 212 - **Marx** - Le Capital
- 214 - **Beauvoir** - Le deuxième sexe
- 218 - **Descartes** - Discours de la méthode

● PROFIL FORMATION

Expression écrite et orale

- 305 - Explorer le journal
- 306 - Trouvez le mot juste
- 307 - Prendre la parole
- 308 - Travailler en groupe
- 309 - Conduire une réunion
- 310 - Le compte rendu de lecture
- 311/312 - Le français sans faute
- 323 - Améliorez votre style, t. 1
- 365 - Améliorez votre style, t. 2
- 342 - Testez vos connaissances en vocabulaire
- 390 - 500 fautes de français à éviter
- 391 - Ecrire avec logique et clarté
- 395 - Lexique des faux amis

Le français aux examens

- 303/304 - Le résumé de texte
- 313/314 - Du plan à la dissertation
- 324/325 - Le commentaire de texte au baccalauréat
- 359/360 - 50 romans clés de la littérature française
- 362 - L'oral de français au baccalauréat
- 366/367 - Histoire de la littérature et des idées en France au XIXᵉ siècle
- 368/369 - Histoire de la littérature et des idées en France au XXᵉ siècle
- 392/393 - Bacs : Mode d'emploi
- 394 - Le nouvel oral de français au baccalauréat

Bonnes copies de bac

Authentiques copies d'élèves, suivies chacune d'un commentaire

- 315/316 - Philosophie, t. 1
- 343/344 - Philosophie, t. 2
- 317/318 - Français : commentaire de texte, t. 1
- 349/350 - Français : commentaire de texte, t. 2
- 319/320 - Français : dissertation, essai, t. 1
- 347/348 - Français : dissertation, essai, t. 2
- 363/364 - Français : résumé/analyse
- 345/346 - Histoire/géographie, t. 1
- 329 - Anglais

La philosophie au bac

Toutes les notions du programme de terminale

- 330 - Violence et pouvoir
- 331 - Le pouvoir des signes
- 332 - Désir et raison
- 333 - L'homme en question
- 334 - Liberté et valeurs morales
- 335 - Le travail humain
- 338 - Savoir et pouvoir I
- 339 - Savoir et pouvoir II
- 340/341 - Lexique de philosophie
- 380/381 - Histoire de la philosophie

Des textes pour l'oral du baccalauréat

- 370/371 - **Comte** - Cours de philosophie positive
- 372/373 - **Hume** - Dialogues sur la religion naturelle
- 374 - **Kant** - Analytique du Beau
- 375 - **Nietzsche** - Crépuscule des idoles
- 376 - **Rousseau** - Essai sur l'origine des langues
- 377 - **Aristote** - Éthique à Nicomaque (Livres VIII et IX sur l'amitié)
- 378 - **Epicure** - Textes sur le plaisir
- 379 - **Leibniz** - La cause de Dieu

● PROFIL DOSSIER
PROFIL SOCIÉTÉ
PROFIL ACTUALITÉ

De nombreux autres titres
(au catalogue de la collection Profil).

Imprimé en France par l'Imprimerie Hérissey - 27000 - Évreux
Dépôt légal : 7395 - Mars 1985 - N° d'imp. : 36583